처음
세계사

처음 세계사

❷ 통일 제국의 형성과 세계 종교의 탄생

초판 1쇄 발행 2014년 8월 8일
초판 3쇄 발행 2017년 8월 25일

지은이 초등 역사 교사 모임
그린이 한동훈, 이희은
감수 서울대학교 뿌리 깊은 역사 나무

발행인 양원석 | **편집장** 전혜원 | **책임편집** 박보람 | **편집진행** 이상희
디자인 김신애, 이기희 | **해외 저작권** 황지현
마케팅 최창규, 이영인, 김용환, 정주호, 양정길, 이선미, 임도진, 이규진, 김보영 | **제작** 문태일
펴낸곳 (주)알에이치코리아 | **주소** 08588 서울시 금천구 가산디지털2로 53, 20층(한라시그마밸리)
전화 02-6443-8923(내용), 02-6443-8838(구입), 02-6443-8960(팩스)
등록 2004년 1월 15일 제2-3726호

ISBN 978-89-255-5340-5 (64900)
ISBN 978-89-255-5280-4 (세트)

어린이제품 안전특별법 표시 사항
제품명 도서 | **제조자명** (주)알에이치코리아 | **제조국명** 대한민국 | **전화번호** 02)6443-8800
주소 서울시 금천구 가산디지털2로 53, 20층(한라시그마밸리)

알에이치코리아 홈페이지와 블로그, SNS로 들어오시면 자사 도서에 대한 더 많은 정보와 다양한 이벤트 혜택을 확인하실 수 있으며,
E-book몰에서는 전자북으로도 만나볼 수 있습니다.

주니어RHK 홈페이지 http://jrrhk.com | **E-book몰(RHK북스)** http://ebook.rhk.co.kr | **페이스북** https://www.facebook.com/rhk.co.kr
블로그 http://randomhouse1.blog.me | **유튜브** https://www.youtube.com/randomhousekorea

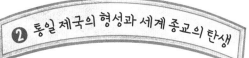

② 통일 제국의 형성과 세계 종교의 탄생

처음 세계사

초등 역사 교사 모임 글 | 한동훈 · 이희은 그림
서울대학교 뿌리 깊은 역사 나무 감수

주니어 RHK

타임머신을 타고 떠나는 세계사 여행

세계사 속에는 아주 많은 인물과 사건이 담겨 있습니다. 그래서 어린이가 너무 복잡하고, 어렵다고 생각하여 쉽게 포기해 버릴 수도 있지요. 하지만 세계사가 꼭 복잡하고, 어렵기만 한 것은 아닙니다.

넓은 땅을 정복한 알렉산드로스 대왕의 이야기, 초원의 황제 칭기즈 칸의 이야기는 한 편의 영화 같은 흥미진진한 모험담이기도 합니다. 그뿐인가요? 우리와 가까운 이웃 나라 일본과 중국의 이야기는 친숙하고 흥미롭습니다. 조금은 먼 나라여서 낯설기도 하지만, 그만큼 신비하고 새로운 페르시아와 아프리카의 이야기도 있지요. 세상 어디에 내놓아도 자랑스러운 한글을 만든 세종대왕, 목숨을 걸고 나라를 지킨 안중근 의사의 이야기는 애국심과 감동도 느끼게 합니다.

이 모든 사람과 나라가 어우러져 만들어 낸 이야기가 바로 세계사입니다. 〈처음 세계사〉는 이 이야기를 동화처럼, 옛날이야기처럼, 영화처럼 신 나고 흥미롭게 풀어서 보여 주지요. 세계사가 복잡하고, 어렵다는 생각을 잠시 내려놓고 책을 펼쳐 보세요. 세상 그 어떤 이야기보다 재미있는 이야기를 만나 볼 수 있을 거예요.

세계사는 다른 나라의 이야기가 아니라 곧 '우리'의 이야기입니다. 오늘날 우리는 하루 이틀이면 지구상의 어느 곳이든 갈 수 있는데다가, 우리가 살고 있는 지금 순간순간이 내일의 세계사가 될 테니까요.

역사는 흔히 미래를 내다보는 거울이라는 말이 있지요. 우리는 곧 더 넓은 세상으로 나가, 때로는 그들과 경쟁하며, 혹은 큰 목표를 함께 이루기도 할 것입니다. 그리고 우리가 알고 있는 역사가 교훈이 되고, 안내자가 되어 넓은 세상으로의 길을 함께해 줄 것입니다.

자, 이제 타임머신을 타고 세계사를 여행할 시간입니다. 〈처음 세계사〉를 통해 오늘날 우리의 모습과 내일을 찾아보세요!

초등 역사 교사 모임

처음 세계사

〈처음 세계사〉는 초등학교 선생님과 동화 작가 선생님이 어린이가 세계사와 친해질 수 있도록 쉽고 재미있게 풀어 쓴 세계사 이야기입니다.

재미와 정보를 주는 그림과 사진, 쏙 빠져드는 이야기로 실제 역사를 모험하듯 세계사의 전체적인 흐름을 자연스럽게 익힐 수 있습니다.

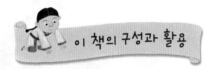
이 책의 구성과 활용

역사 속 인물이 직접 전해 주는 이야기를 통해 당시 시대적 특징을 재미있게 알아볼 수 있어요.

역사 속 사건과 유물, 인물 등을
그림과 사진으로 함께 구성하여
친절하게 설명했어요.

깊이 보는 역사 페이지를 통해
각 장의 내용을 한 번 더 정리하고,
본문에서 미처 다루지 못했던
흥미로운 이야기를 들려줍니다.

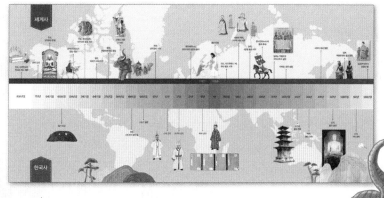

중요한 사건들을 연표를 통해
한번에 파악할 수 있어요.
각 나라와 시대를 대표하는 유물 사진과
그림을 보며 세계사의 흐름을 익혀 보세요.

차례

1장 로마의 번성과 발전

알프스

대서양

로마

이베리아 반도

지중해

카르타고 노바

카르타고

아프리카

**지중해 지배권을 위한
로마와 카르타고의 대립**

공화정 수립 당시 로마
반도 통일 당시 로마
로마와 동맹군
카르타고 영향권
한니발 진로 →

나는 검투사야. 지금 원형 경기장에 와 있어. 저기 사자 보이지? 나는 저 사자를 이길 거야. 이때를 대비해 힘을 기르는 훈련을 많이 했거든. 와! 로마 시민들의 응원 소리가 들리니? 경기장에 들어서기 전에는 살짝 무섭기도 했는데, 지금은 용기가 샘솟아. 우리 스승님의 말씀이 떠오르네. 진정한 무기는 칼이 아니라, 용기라고 하셨거든. 그리고 언젠가는 내 힘을 로마의 평화를 위해 쓰라고 하셨지. 나는 오늘 사자를 이기고 스승님 같은 사람이 될 거야!

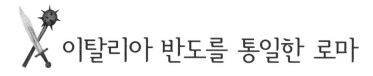

이탈리아 반도를 통일한 로마

기원전 753년경, 그리스에서는 도시 국가인 폴리스들이 4년에 한 번씩 모여 올림피아 제전을 펼치고 있었어요.

이때 그리스 서쪽 바다 건너, 장화 모양의 이탈리아 반도에 '로마'라는 작은 도시 국가가 세워졌어요.

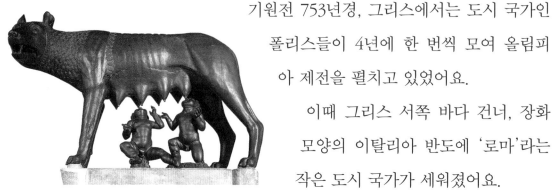

**늑대 젖을 먹는
로마 최초의 왕**
전설에 따르면 로마를 세운 로물루스는 쌍둥이 동생 레무스와 함께 늑대의 젖을 먹고 자랐다고 한다.

로마의 왕은 군대를 이끄는 일부터 재판과 제사를 올리는 일까지 도맡아 하고 있었답니다. 하지만 기원전 6세기 무렵, 로마의 귀족과 평민이 나서서 왕을 추방했어요.

"더 이상 왕이 모든 것을 마음대로 하게 놔 둘 순 없어요."

🎩 **공화정**
- - - - - - - - - - - - - - -
시민이 뽑은 대표자나 대표 기관이 시민을 위해 나라를 다스리는 것을 말해.

로마는 시민의 뜻을 따르는 정치 제도인 공화정을 만들었어요. 왕이 아니라 민회에서 나랏일을 의논하고, 원로원이 결정하였지요. 그리고 1년에 한 번 집정관 두 명을 뽑아 군대를 이끌고, 정치를 하도록 맡겼어요.

하지만 나라의 중심 기관인 원로원과 행정의 최고 책임자인 집정관이 모두 귀족이었어요. 평민의 의견은 힘이 없었고, 높은 자리에 오르지도 못했어요.

이 당시 로마는 주변의 다른 민족과 전쟁을 벌이고 있었어요. 평민들은 농사도 못 짓고 전쟁에 군인으로 나가야 했지요. 평민들은 먹고살기 위해 어쩔 수 없이 귀족에게 빚을 졌어요. 그러다 보니 점점 귀족에게 불만을 갖게 되었어요. 뿐만 아니라 부유한 평민들도 관직에 진출하고 싶어 했고요.

"더 이상 이렇게 살 수 없습니다. 우리도 관직에 올라 정치에 참여하게 해 주시요. 귀족이 우리의 말을 들어주지 않으면, 우리만의 나라를 세우겠소!"

기원전 494년, 마침내 평민들은 로마 부근의 언덕 위에 모여 시위를 벌였어요. 귀족은 이들의 요구를 무시할 수가 없었어요. 나라를 이끌어 가기 위해서는 귀족보다 그 수가 훨씬 많은 평민의 도움이 필요했으니까요.

"평민의 권리를 보호할 수 있는 호민관 제도를 실시

 평민의 정치 참여

평민이 투표를 하고 관리가 되어 나라를 다스리는 일에 참여하는 것을 말해.

 호민관

로마 시대에 평민의 생명과 재산을 지키기 위해 일했던 관리야.

원로원의 승인이 필요해!
원로원은 국가의 예산, 병사의 수를 정하고, 법을 만들었다. 그래서 집정관은 재정과 징병에 대해 원로원의 승인을 받아야 했다.

– 체사레 마카리
〈키케로의 연설〉

하겠소. 또한 평민으로 구성된 평민회의도 열겠소."

그리고 귀족만 알던 법을 평민도 알 수 있도록 금속판에 새겨서 공개하기도 했어요. 거기에는 12표법이 담겨 있었어요. 12표법은 로마 최초로 문자로 적어 발표한 성문법이었지요.

기원전 367년에는 평민 중에서도 집정관이 나올 수 있도록 하는 리키니우스법이 만들어졌고, 다시 기원전 287년에는 원로원의 허락 없이도 평민회의 결정이 힘을 발휘할 수 있도록 하는 호르텐시우스법까지 만들어졌답니다.

이렇게 로마의 공화정이 완성되어 갔어요. 그럼에도 불구하고 실제로는 명문 귀족 출신의 원로원이 여전히 막강한 힘을 발휘했어요.

공화정 체제가 뿌리를 내리는 동안, 로마는 한편으로 오랜 적이었던 에트루리아를 공격해 완전히 점령했어요. 그리고 이탈리아 반도의 남동쪽에 살던 삼니움 족을 공격해 굴

리키니우스법

호민관 리키니우스와 섹스티우스가 제안해 만들어졌어.

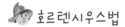

호르텐시우스법

호르텐시우스가 제안한 법이야. 이 법으로 귀족과 평민의 신분 투쟁이 막을 내렸지.

에트루리아의 돌로 만든 관

고대 이탈리아 북부에 살던 에트루리아 사람은 로마 사람이 농사를 주업으로 하고 있을 때, 이미 구리와 철을 제련하고 지중해 무역을 하는 등 문명을 발달시켰다.

복시켰어요. 남쪽 이탈리아에 있던
그리스 식민 도시 타렌툼과도 싸워
이겼고, 동시에 여러 그리스 식민
도시를 정복했지요.

그럼으로써 로마는 북쪽 일부를
제외한 이탈리아 반도를 한손에 거
머쥐게 되었답니다.

삼니움 족의 무덤 벽화
삼니움 족은 한때 로마와
힘을 합쳐 다른 민족과 싸웠다.
하지만 이후 로마와 세 번을
맞서 싸워 졌다.

 # 로마, 지중해를 손안에 넣다

 식민 도시
- - - - - - - - - - - - - -
본국과는 다른 지역에 자국
민이 계속 살기 위해 이주하
여 개척한 도시를 말해.

이탈리아 반도를 통일하자, 로마의 눈에 남쪽의 지중
해 바다가 쏙 들어왔어요.

그즈음 지중해에서는 카르타고가 해상 무역을 주름
잡으며 재산을 엄청나게 그러모으고 있었어요. 로마 사
람들은 카르타고 사람들을 ‘페니키아 사람’이란 뜻으
로 ‘포에니’라고 불렀어요.

그런데 기원전 289년쯤 시칠리아 섬에 있는 그리스
의 식민 도시 시라쿠사에서 반란이 일어났어요. 반란을
일으킨 주인공은 다른 나라에서 돈을 벌러 온 군인인
용병들이었어요. 이들은 매우 포악하게 시민들을 학살

하는 등 만행을 저질렀지요.

　그러자 시라쿠사의 왕은 즉시 군대를 보내 이들을 무찔렀어요. 궁지에 몰린 용병들은 급히 로마에 도와달라고 했지요.

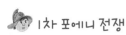
1차 포에니 전쟁
- - - - - - - - - - - - - - - - - -
카르타고와 로마가 기원전
264년~기원전 241년까지
치른 전쟁이야.

　로마는 용병들을 돕기로 했어요. 카르타고 역시 이를 핑계로 시칠리아 전부를 차지할 욕심을 가졌지요. 마침내 두 나라는 전쟁을 피할 수 없게 되었어요.

　결국 1차 포에니 전쟁이 일어났어요.

　전쟁은 시칠리아 섬과 그 주변의 바다에서 일어났기 때문에 막강한 해군력을 가진 카르타고에 크게 유리했어요. 하지만 로마는 싸움을 길게 끌지 않고 이길 수 있는 방법을 연구했지요.

뾰족한 카르타고의 배
카르타고 사람은 이미 기원전
700년경 뱃머리를 뾰족하게
만들어 외국에 팔았다.

　"카르타고를 이길 수 있는 좋은 방법이 없을까?"

　"좋은 수가 있습니다. 카르타고 군함에 쇠갈고리를 던져 우리 쪽으로 끌어당기는 거예요. 그리고 배가 가까이 다가오면 병사들이 뛰어들어 공격하면 돼요."

특별 장치를 한 로마의 배
로마는 배에 쇠갈고리를 달아
카르타고와의 전투에서 이길
수 있었다.

　로마가 쓴 전술은 아주 효과적이었어요. 군사들끼리 부딪쳐 싸우는 데에는 로마 군을 상대할 병사들이 없었거든요. 여기에 로마의 시민들이 직접 재산을 털어 배를 만들어 주었어요. 마침내 싸움은 로마의 승리로 끝났지요.

"이제부터 시칠리아는 로마의 속주다!"

그럼으로써 로마는 서지중해를 마음껏 드나들 수 있게 되었어요.

뿐만 아니라 로마는 해마다 카르타고로부터 전쟁 피해 배상금을 어마어마하게 받을 수가 있었답니다.

싸움은 이것으로 끝이 아니었어요. 복수를 노리던 카르타고는, 약해진 국력을 보충하기 위해서 히스파니아(지금의 이베리아 반도)를 식민지로 만들었어요. 그리고 다시 로마를 노렸지요. 이때, 카르타고에서는 한니발이라는 젊은 장군이 나섰어요.

"카르타고의 원수를 갚기 위해서 로마로 진군한다!"

스물여섯 살의 한니발은 히스파니아의 총독이 된 뒤 착실하게 준비를 마치고 출정을 서둘렀어요. 걸어가는 군사 4만 명, 말을 탄 군사 6천 명, 또 코끼리 60여 마리가 로마로 향했어요.

속주

로마의 지방 행정 구역을 말하지.

총독

로마를 대표하여 속주를 다스리는 관리야.

전략이 뛰어난 명장, 한니발

카르타고의 장군이다. 2차 포에니 전쟁을 일으켰다.

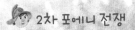

2차 포에니 전쟁

카르타고와 로마가 기원전 218년부터 201년까지 치른 전쟁이야.

이렇게 2차 포에니 전쟁이 시작되었어요. 그런데 뜻밖에도 한니발은 바닷길이 아닌 알프스 산맥을 넘기로 했어요.

'로마 군은 내가 알프스 산맥을 넘으리라고는 꿈에도 생각하지 못할 거야!'

한니발은 그것을 노렸지요. 물론 산을 넘는 동안, 군

사들 중 절반이 추위를 견디지 못해 달아나거나 목숨을 잃었지만 한니발의 군대는 마침내 로마에 다다랐어요. 로마 군은 온 힘을 다해 한니발을 막았지만, 계속하여 패배했지요.

"아아, 로마의 군대가 아무리 강해도 한니발은 물리칠 수가 없다!"

로마의 시민들은 겁에 질렸어요. 곧 로마가 불바다가 될 것이라는 소문이 돌았지요.

한니발은 로마의 동맹시를 완전히 없애기 위해서 로마로 향하던 진군을 늦추었어요.

이 기회를 틈타 로마의 스키피오 장군은 3만 5천 명의 군대를 이끌고 카르타고 본국을 공격했어요. 뜻밖의 역습에 깜짝 놀란 한니발은 서둘러 본국으로 돌아왔어요. 양쪽의 군대는 양보 없는 싸움을 벌였고, 이 전투에서는 한니발이 패하고 말았지요.

이 싸움에서 지는 바람에 카르타고는 막대한 배상금을 내야 했어요. 게다가 군대마저 함부로 움직일 수 없는 처지가 되고 말았지요. 이때를 틈타 카르타고(20쪽) 서쪽에 있던 누미디아 왕국이 침략을 거듭했어요.

"우리가 군사를 움직여 누미디아 왕국을 물리칠 수 있게 해 주시오."

한니발을 이긴 스키피오의 흉상
고대 로마의 장군이자 정치가였다.
2차 포에니 전쟁에서 한니발을 무찌르고 전쟁을 끝냈다.

고대 해안 도시 카르타고
페니키아 사람이
기원전 814년경 튀니지
해안에 건설한 도시이다.
페니키아 말로 카르타고는
'새로운 도시'란 뜻이다.

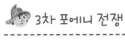

3차 포에니 전쟁
- - - - - - - - - - - - - - - - - -
카르타고와 로마가 기원전
149년부터 기원전 146년까지
치른 전쟁이야.

카르타고는 로마에 요청했으나 받아들여지지 않았어요. 결국 카르타고는 로마의 허락 없이 군대를 동원해 누미디아와 싸웠어요.

그러나 이것을 지켜보던 로마는 카르타고가 약속을 어겼다며, 큰 군대를 보내 다시 카르타고를 공격했어요. 바로 3차 포에니 전쟁이 일어난 것이지요. 로마 군은 성을 포위하고 맹렬하게 카르타고를 공격했어요.

카르타고 사람들은 성 안으로 들어가 3년간 버티며 싸웠어요. 3년에 걸친 포위 공격으로 카르타고 사람들은 굶주림에 시달렸고, 지쳐 있었어요.

때를 기다리던 로마 군은 카르타고의 성을 갑자기 습격하여 불태워 버렸답니다.

"카르타고를 모두 불태워 버려라!"

로마 군 사령관 스키피오 아이밀리아누스의 명령에 카르타고는 불타올랐고, 항복한 카르타고 사람들은 모두 노예로 끌려갔어요. 카르타고는 처참하게 멸망하고 말았지요.

로마는 이 여세를 몰아 그리스를 비롯해 동지중해의 많은 나라들을 정복했어요. 그리고 마침내 지중해를 완전히 손안에 넣게 되었답니다.

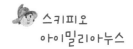
스키피오 아이밀리아누스

한니발과의 싸움에서 이긴 스키피오의 양자야.

 공화정이 무너지다

로마가 지중해를 차지하는 데 가장 큰 공헌을 한 사람은 바로 농민이었어요. 로마에서는 농민이 중장보병이기도 했거든요. 하지만 전쟁이 끝나고 평화가 찾아왔을 때, 농민들은 오히려 가장 큰 피해자가 되고 말았어요. 전쟁터에서 목숨을 잃은 농민들이 많았고, 그나마 가까스로 살아 돌아온 농민들을 반겨 준 것은 오랫동안 농사를 짓지 못해 황폐해진 땅밖에 없었지요.

"쳇! 이런 땅에 어떻게 농사를 짓겠어!"

어렵게 농사를 지어도 전쟁 후, 정복지와 속주에서

 중장보병

중무장한 군인을 말해. 로마 군인들은 금속 갑옷을 입고 방패와 창을 들었어. 허리에는 칼을 찼지.

값싼 농산물이 밀려 들어와 제값에 팔 수도 없었어요. 결국 농민들은 땅을 포기하고, 부자들에게 헐값에 팔아 버렸어요. 농민들은 가난에 허덕일 수밖에 없었답니다.

곡식을 수확하는 로마 농민
로마의 농민은 곡식을 수확하고, 전쟁에 군인으로 참여하며 로마 발전에 크게 기여했다.

하지만 로마의 귀족과 지배층은 정복한 지역에서 들어오는 세금으로 인해 더 큰 부자가 되었어요. 그 돈으로 농민들의 땅을 헐값에 사들였지요. 부자들은 큰 농장을 운영하며 돈을 더욱 많이 벌었어요. 더구나 정복지나 속주에서 사들인 노예들이 농사를 지어 주었기 때문에 작물을 값싸게 키워 낼 수 있었어요.

중소 농민은 이 큰 농장과 겨룰 수 없었고, 더욱 빠르게 몰락했어요.

농민이 몰락하자, 로마의 군사력은 점점 약해져 갔어요. 로마 군은 토지를 가진 농민들로 구성되어 있었는데, 이들이 토지를 잃고 빈털터리가 되어 버렸으니까요. 까딱하다가는 중소 농민들이 떠받치고 있는 공화정이 무너질 수도 있었어요.

"이러다가 로마가 무너질지도 몰라. 토지 제도를 개혁해야겠어."

이즈음 호민관이었던 티베리우스 그라쿠스는 토지를 소유할 수 있는 기준을 정하여 발표했어요. 그러면 농민들이 먹고사는 데 지장이 없을 터였어요. 하지만 소용이 없었어요. 두 형제의 개혁을 반대하던 원로원과 큰 땅을 가진 귀족이 일어나 티베리우스를 암살하고 말았거든요.

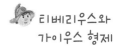

티베리우스와 가이우스 형제

기원전 2세기경 활동한 로마의 정치가들이야. 평민의 권리를 지키기 위해 평생을 힘썼지.

하지만 그럼에도 불구하고 티베리우스의 동생 가이우스 그라쿠스가 형이 만들어 놓은 토지 개혁안을 추진했어요. 그리고 로마 시민들에게 싼값에 곡물을 공급하는 법안도 내놓았지요. 하지만 안타깝게도 가이우스의 개혁 역시 실현되지 못했어요.

이후 로마는 한동안 혼란에 빠졌어요. 북방에서 게르만 족이 쳐들어와 전쟁을 벌였고, 시민권을 요구하는 로마의 동맹시들과도 싸워야 했지요.

그러는 동안 귀족들이 용병을

농민이 흙 한 줌 질 수 없다니!

귀족파와 평민파

귀족파는 원로원을 중심으로 일하던 정치가들이고, 평민파는 평민의 이익을 중심으로 일하던 정치가들을 말해.

삼두 정치

세 지도자가 함께 정권을 잡고 정치한 제도야.

모아 힘을 키우고 세력을 넓혀 각각 귀족파와 평민파를 이끌었어요. 서로 권력을 잡기 위해 치열하게 다투었지요.

이제 원로원 중심의 공화정은 무너진 것이나 다름이 없었어요. 평민파의 우두머리였던 카이사르가 집정관이 되어 같은 평민파 장군이었던 폼페이우스와 크라수스를 끌어들인 뒤, 원로원을 억누르고 권력을 차지해 버렸으니까요. 이를 삼두 정치라 부른답니다.

로마를 움직인 또 다른 사람, 노예

로마의 노예 대부분은 전쟁에 진 다른 민족의 포로였어요. 특히 포에니 전쟁 이후 로마가 정복지를 늘리면서 노예의 수가 급격하게 늘어났지요. 남자 노예는 농사를 짓거나, 광산에서 광물을 캐고, 군용선의 노를 젓는 일에 내몰렸어요. 검투사가 되어 사자와 같은 맹수와 싸우다가 죽는 사람도 많

았어요. 여자 노예는 귀족의 요리사나 하녀, 유모가 되어 잡일을 했지요. 역사학자들의 말에 따르면 1세기 말쯤 이탈리아에는 약 200만~300만 명의 노예가 있었다고 해요.

로마를 차지한 카이사르

집정관의 임기가 끝난 뒤, 카이사르는 갈리아의 총독이 되었어요.

'만약 갈리아를 완전히 정복한다면, 로마 시민의 인기를 한 몸에 받을 수 있을 텐데…….'

카이사르는 굳게 결심을 하고 병사들을 이끌었어요. 몸소 앞장서서 갈리아 사람들과 싸웠지요. 뿐만 아니라 라인 강을 넘어 쳐들어오는 게르만 사람까지 몰아냈어요. 연거푸 반란이 일어나기도 했지만, 카이사르는 그마저도 완벽하게 억누르고 갈리아 지역을 완전히 로마의 것으로 만들었어요.

이 과정에서 카이사르는 돈을 많이 모았어요. 하지만 그 돈을 혼자 차지하지는 않았어요. 부하들에게도 일일이 나누어 주어서, 부하들이 카이사르를 더 믿고 따랐답니다.

카이사르의 인기는 점점 더 높아졌어요. 카이사르의 인품은 로마 사람들에게도 알려졌지요.

"카이사르야말로 로마에서 가장 훌륭한 장군이다!"

그러던 기원전 53년 삼두 정치를 함께 이끌던 크라수

갈리아

지금의 북부 이탈리아, 프랑스, 벨기에 주변 지역을 말해.

로마 역사를 바꾼 카이사르
로마의 정치가이자 군인이다. 그가 쓴 《갈리아 전기》를 보면 당시 정복 활동과 생활 모습을 알 수 있다.

크라수스

로마의 정치가였어. 기원전 53년 서아시아에서의 주도권을 놓고 오늘날의 이란, 이라크 지역의 파르티아 사람과 싸우다가 져서 죽었어.

스가 원정을 떠났다가 살해되고 말았어요.

삼두 정치의 한 축이 무너지자, 원로원은 폼페이우스와 짜고 카이사르를 총독 자리에서 물러나게 했어요.

갈리아에 있다가 이 사실을 알게 된 카이사르는 어쩔 수 없이 폼페이우스와 정면 대결을 하기로 결심했어요. 카이사르는 군대를 이끌고 로마로 향했어요.

"아아! 주사위는 던져졌도다."

카이사르는 갈리아와 로마의 경계인 루비콘 강을 건너며 외쳤어요. 군대를 이끌고 루비콘 강을 건너는 것은 불법행위였거든요.

기원전 49년 1월 10일, 로마는 혼란에 빠졌어요. 겁먹은 시민들은 급히 로마를 빠져나갔고, 폼페이우스 역시 로마를 탈출해 그리스로 도망쳤지요. 결국 카이사르가 로마에 들이닥쳤을 때 로마는 텅 비어 있었어요.

카이사르는 곧 시민들을 안심시키고 폼페이우스를 뒤쫓았어요. 이때, 폼페이우스는 여러 정복지에서 군대를 얻어 카이사르와의 일전을 준비하고 있었지요. 마침내 양쪽 군대는 그리스 북부의 도시, 파르살루스에서 맞붙었어요. 병사의 수는 폼페이우스 쪽이 많았지만, 전투 경험이 많은 카이사르 쪽이 승리를 거두었어요. 폼페이우스는 이번에는 이집트로 달아나 프톨레마

파르살루스

그리스 북쪽 에게 해 해변에 있던 테살리아의 도시야. 로마 제국이 멸망하기 전까지 로마의 지배를 받았어.

이오스 13세에게 보호를 요청했어요.

그러나 프톨레마이오스 13세는 폼페이우스를 보며 생각했어요.

'내가 폼페이우스를 보호해 주면 틀림없이 카이사르가 날 가만두지 않을 거야!'

결국 프톨레마이오스 13세는 폼페이우스의 목을 베어 카이사르에게 넘겨주었어요. 그러자 카이사르는 자신의 오랜 정치적 동지였던 폼페이우스의 죽음을 슬퍼하며 프톨레마이오스 13세를 감옥에 가두어 버렸어요. 그리고 다시 클레오파트라가 왕위를 잇게 하였지요.

이어 카이사르는 서아시아와 아프리카 등에서 일어난 반란을 억누르고 기원전 46년 10월 로마로 돌아왔어요.

카이사르는 곧 임기 10년의 독재관에 임명되었어요. 더 이상 로마에서는 카이사르에게 맞설 자가 없었지요. 그러니 카이사르는 왕이나 다름이 없었어요. 하지만 카이사르는 왕이라는 호칭을 쓰지 않았어요. 오히려 시민들의 눈을 의식해 문화와 예술을 지원하였고, 가난한 사람들을 카르타고 같은 로마 속주에 이주시켜 새롭게 살아가도록 도왔답니다.

그러나 공화정의 전통을 지키려는 사람들은 카이사

**카이사르의 도움으로
왕위에 오른 클레오파트라**
고대 이집트 프톨레마이오스
왕조 최후의 여왕이다.
프톨레마이오스 13세에게
왕위를 빼앗겼다가 카이사르의
도움으로 왕위를 회복하였다.

**공화정을 지키려 한
브루투스의 두상(좌)**
로마의 정치가이다.
카이사르를 암살한 후
옥타비아누스와의 싸움에서
패하여 자살하였다.

암살당하는 카이사르(우)
원로원들은 카이사르가
왕이 될까 봐 두려워,
카이사르를 암살했다.

- 빈센조 카무치니
〈카이사르의 죽음〉

 안토니우스

로마의 군인이자 정치가였
어. 옥타비아누스, 레피두스
와 제2차 삼두 정치를 했지.

르 암살을 몰래 계획했어요. 그들은 카이사르가 아끼는
정치가 브루투스를 끌어들였지요.

기원전 44년 3월 15일, 원로원 모임에 참석했던 카이
사르는 브루투스의 칼을 맞고 쓰러졌어요.

"브루투스, 너마저도……."

카이사르는 이 짧은 말을 남기고 숨을 거두었답니다.

 최고 권력자가 된 아우구스투스

카이사르가 세상을 떠난 뒤, 그의 부하였던 안토니우
스는 브루투스와 암살자들을 모두 소탕했어요. 덕분에
안토니우스의 인기는 하늘 높은 줄 모르고 치솟았지요.
안토니우스는 오히려 카이사르의 상속자였던 옥타비

아누스보다 더 큰 주목을 받았어요.

"안토니우스가 곧 로마 최고의 권력자가 되겠군."

시민들은 그렇게 믿었어요. 하지만 이런 상황은 곧 뒤바뀌고 말았어요.

안토니우스는 이집트의 여왕 클레오파트라의 미모에 빠져 자신의 본분마저 잊었어요. 싸움터에 클레오파트라를 데려가는 등 지나친 행동을 계속했지요. 그러고는 로마에 돌아오지 않고 이집트에 머물렀어요.

클레오파트라의 힘

클레오파트라는 말재주가 뛰어나며, 매우 재치 있고 용감했다고 한다. 그녀의 파란만장한 생애는 많은 문학 작품에 다루어지기도 했다.

– 로렌스 엘마 테디마
〈클레오파트라와 안토니우스〉

로마 시민들은 안토니우스를 원망했어요. 이에 옥타비아누스는 시민들의 지지를 얻어 이집트를 공격하겠다고 발표했어요.

기원전 31년 9월 1일, 그리스 서북쪽 악티움곶 앞바

 **옥타비아누스**

카이사르의 양자로 카이사르가 암살당할 때 열아홉 살이었지. 이후 로마의 최고 권력자가 되었어.

다에서 옥타비아누스의 로마 해군은 클레오파트라의 이집트 함대와 만났어요. 물론 안토니우스가 클레오파트라를 돕고 있었지요.

처음엔 양쪽의 싸움이 아주 팽팽했어요. 안토니우스의 함대가 워낙 막강했기 때문이에요. 그런데 싸움이 옥타비아누스에게 유리해지자, 클레오파트라가 이끄는 이집트 함대가 싸움터를 벗어나 후퇴했어요. 아무래도 싸움에 질 것 같아서였지요. 그것을 본 안토니우스 역시 싸움을 포기하고 그 뒤를 따라 달아났어요.

얼떨결에 남겨진 안토니우스의 군사들은 지휘관도 없이 싸워야 했고, 당연히 싸움이

제대로 될 리가 없었지요. 안토니우스의 함대는 옥타비아누스 함대의 공격에 전멸하다시피 했답니다.

클레오파트라는 옥타비아누스로부터 안토니우스를 없애 달라는 제안을 받았어요. 클레오파트라는 안토니우스를 속여 스스로 목숨을 끊도록 만들었어요. 하지만 옥타비아누스가 클레오파트라를 로마에 포로로 끌고 갈 거라는 소식이 들려왔지요. 이를 알게 된 클레오파트라는 안토니우스의 뒤를 따라 세상을 떠났어요. 이어 이집트가 함락되었고, 로마는 지중해를 완전히 통일하고 평화 시대를 맞았답니다.

옥타비아누스가 로마에 위풍당당하게 돌아오자, 원로원과 시민들은 옥타비아누스의 이름을 원로원 위원 명단 첫머리에 넣어 주었지요.

"우리 원로원은 옥타비아누스에게 '존엄한 자', 즉 아우구스투스라는 칭호를 바칩니다."

그럼으로써 옥타비아누스가 로마 제국 최초의 황제가 된 거나 다름없었어요. 옥타비아누스는 로마의 일인자로서 로마를 지배해 나갔어요.

하지만 아무도 옥타비아누스를 독재자라고 생각하지는 않았어요. 옥타비아누스

클레오파트라의 죽음
클레오파트라가 어떻게 죽었는지에 대해서는 의견이 여러 가지이다. 하지만 클레오파트라의 죽음이 이집트를 로마에 넘기는 결과를 가져왔다는 것은 분명하다.

 독재자
- - - - - - - - - - - - - - - - - - -
모든 일을 혼자서 마음대로 판단하여 정치하는 사람을 말해.

는 철저하게 원로원의 권위를 존중해 주었고, 모든 일을 할 때 합법적인 절차를 밟았으니까요.

옥타비아누스는 이렇게 원로원과 사이좋게 지내면서 로마가 발전하도록 많은 일을 했어요.

"우선 원로원과 기사, 그리고 평민이 될 수 있는 자격과 그 역할을 정해 우리 로마의 사회 질서가 바로 잡히도록 해야 합니다. 또한 세금 제도를 제대로 갖추어 나라의 살림을 늘려야겠어요. 그러기 위해서 인구 조사도 해야 합니다."

그런가 하면 시민들에게 옛 로마의 전통을 지키도록 당부했고, 아이를 많이 낳도록 돕는 정책도 펼쳤어요. 시민들이 먹을 식량이 부족하지 않도록 곡물 수입에도 신경을 썼지요.

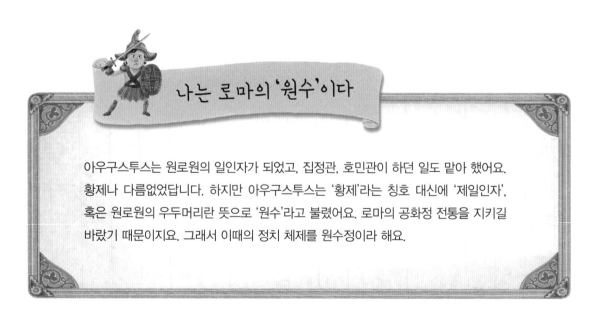

나는 로마의 '원수'이다

아우구스투스는 원로원의 일인자가 되었고, 집정관, 호민관이 하던 일도 맡아 했어요. 황제나 다름없었답니다. 하지만 아우구스투스는 '황제'라는 칭호 대신에 '제일인자', 혹은 원로원의 우두머리란 뜻으로 '원수'라고 불렸어요. 로마의 공화정 전통을 지키길 바랐기 때문이지요. 그래서 이때의 정치 체제를 원수정이라 해요.

그러나 전쟁을 일으켜서 더 많은 영토를 정복하는 일은 최대한 하지 않으려고 노력했어요. 이렇게 아우구스투스가 펼친 여러 정책은 로마 안팎을 평화롭게 만들었답니다.

아우구스투스가 다스리던 때 로마는 경제적으로도 크게 발전했어요. 속주로부터 시민들이 계속 들어와 인구도 많이 늘어났지요.

로마는 지중해와 지중해 주변 지역의 중심으로 우뚝 일어섰답니다.

로마의 문화를 더욱 발전시킨 아우구스투스
아우구스투스는 로마의 사회 제도, 학문, 예술을 지원하여 로마 문화가 황금시대를 맞도록 하였다.

로마가 지중해를 장악하고, 평화 시대를 맞을 수 있었던 이유는 무엇일까?

로마 시민들은 어떻게 살았을까?

로마 시민들의 생활

로마 시민들은 대체로 집 밖에서
생활했어요. 거리에는 약국, 빵 가게,
음식점, 이발소, 세탁소까지 두루
갖추어져 있었거든요.

무엇을 하고 놀았나?

로마 시민들의 공휴일은 일 년 365일 중 120일이었어요.
공휴일이면 콜로세움에서 열리는 검투사의 경기를
보러 가곤 했어요. 체육 경기와 서커스, 연극도 보았지요.
놀랍게도 이 오락거리가 모두 공짜였대요!

어떤 옷을 입었나?

로마 사람 남녀 모두가 '튜닉'이라
불리는 옷을 즐겨 입었어요.
소매가 없는 헐렁한 옷으로 보통
길이가 무릎 근처까지 내려왔지요.

로마의 목욕탕

로마에는 약 856곳의 대중목욕탕이 있었다고 해요.
목욕은 로마 시민에게 중요한 일상이었어요.
목욕탕은 단지 몸을 씻는 곳일 뿐만 아니라
사교의 장소, 휴게실이나 간이 음식점이기도 했지요.

2장 크리스트교 탄생과 로마

로마 제국의 최대 영토와 크리스트교의 전파

로마 제국의 영토 ●
(서기 117년경, 트라야누스 황제 시대)

크리스트교 전파 →

대서양

흑해

로마

비잔티움

지중해

예루살렘

베들레헴

예수님이 우리 마을에 오셨대. 지금 마을 사람들도 전부 예수님 말씀을 들으러 가는 중이야. 예수님은 이웃을 사랑하라고 말씀하시고, 죄를 뉘우치면 누구든지 하나님의 나라에 들어갈 수 있다고 하셔. 그래서 우리처럼 헐벗고 굶주린 사람들이 예수님을 많이 따르고 있어. 예수님은 돈 많고 힘 있는 사람이 그것을 믿고 함부로 사람을 대하면 그들을 막 꾸짖어 주시지. 말씀도 얼마나 쉽게, 쏙쏙 알아듣게 하시는지 몰라. 다리를 못 쓰는 사람은 다리를, 깊은 병에 걸린 사람은 병도 낫게 하신대.

자, 어서 따라와! 함께 가 보자!

크리스트교의 탄생

 여호와

유대 민족의 단 하나밖에 없는 신을 말해. 하나님이라고도 해.

 구세주

세상의 악이나 위험으로부터 인류를 구원하는 주인이라는 뜻이야.

기원전 63년, 로마가 세계 대제국을 건설하면서 팔레스타인의 가나안 지역에 살던 유대 사람도 로마의 지배를 받게 되었어요. 로마는 기원전 37년부터 기원후 4년까지 헤롯 왕에게 통치권을 주었지요.

그러나 헤롯 왕은 로마에는 충성을 다하면서도 유대 사람들은 가혹하게 대했어요. 왕위를 물려받은 아들들도 형제의 아내를 함부로 빼앗는 등 포악한 정치를 거듭했답니다. 이에 시민의 불만이 커지자 로마에서 직접 총독을 파견했지요.

그래도 유대 사람의 생활은 나아지지 않았어요. 로마의 억압이 갈수록 심해졌기 때문이지요. 유대 사람이 기댈 곳은 종교밖에 없었어요.

"조금만 참고 견딥시다. 여호와께서 우리를 구원하기 위해 구세주를 보내실 겁니다. 우리 구세주가 곧 저 잔인한 로마 군을 내쫓고 우리의 나라 이스라엘을 건설할 것입니다."

유대교를 믿던 유대 사람들은 간절히 소망했어요.

바로 이즈음, 요르단 강(요단 강) 하류에서는 요한이라 불리는 사람이 금욕적인 생활을 하면서 세례 의식을 하고 있었어요.

"구세주가 곧 오실 테니, 죄를 뉘우치고 새롭게 여호와를 믿으세요."

유대 사람들이 많이 모여들었어요. 그들 중에는 율법을 공부하고 가르치는 율법학자도 있었고, 군인도 있었지요. 갈릴리 호숫가에 사는 가난한 사람과 유대 사람이 업신여기는 사마리아 사람도 있었어요. 예수도 요한에게 세례를 받으러 갔지요.

"제가 선생님께 세례를 받아야 할 텐데, 어찌하여 선생님께서 제게 오셨습니까?"

"제가 하자는 대로 하세요. 그래야 하나님께서 계획

유대교의 메노라
7일간의 천지창조와
하나님을 상징하는 촛대이다.

 유대교

유대 사람의 종교야. 여호와가 이 세상을 창조했다고 믿으며 구세주가 오기를 기다리지.

 세례

여호와를 믿기로 하고 죄를 씻고, 새롭게 다시 태어난다는 의미의 종교 의식이야.

갈릴리 산의 설교
예수는 활동 초기에 갈릴리 산에서 설교를 했다. 이웃을 사랑하고, 왼손이 하는 일을 오른손이 모르게 하라는 등 크리스트교도의 행동 기준이 나온다.

– 칼 하인리히 블로흐
〈산에서 설교하는 예수〉

하신 일이 모두 이루어집니다."

요한은 예수가 아주 특별한 사람임을 알아보고 고개를 숙였지만, 도리어 예수는 요한에게 세례를 받았어요. 이후 예수는 40일간 금식하고 기도를 하면서 여러 가지 고통을 이겨 낸 뒤 갈릴리로 내려왔어요.

예수는 많은 사람들을 대상으로 설교를 하기 시작했어요.

"하나님을 믿고, 이웃을 사랑하세요. 그리고 죄를 뉘우치고 새로운 사람이 되세요. 그러면 부자든 가난한 사람이든, 지위가 높은 사람이든 낮은 사람이든, 누구나 구원받을 수 있습니다!"

사람들 모두가 하나님 앞에서는 평등하다는 의미였어요. 이런 예수의 생각은 당시 로마의 지배를 받고 있던 유대 사람에게 큰 힘을 주었지요.

이어 예수는 이 세상의 돈과 권력이 아무런 소용이 없는 것이라 주장했어요. 그러면서 하나님의 뜻에 맞게 생활하라고 말했지요. 예수의 설교는 위선적이거나 권위적인 데가 없었어요. 많은 사람들이 예수를 따랐어요. 예수가 나타나는 곳이면 사람들이 구름처럼 몰려들었고, 예수는 어디를 가든 존경을 받았답니다.

예수는 자신만 옳다고 주장하는 사람과 돈과 권력만 믿고 일하지 않는 사람들을 크게 꾸짖곤 했어요.

그러자 유대교를 이끌고 있던 몇몇 권력자와 율법 학자는 예수의 설교를 몹시 못마땅해 했어요. 왜냐하면 그들은 '우리만이 신에게 구원을 받을 수 있는 선택된 민족이다!'라는 선민의식을 가지고 있었고, 구세주가 나타나 강력한 국가를 일으켜 주리라 믿고 있었기 때문이에요.

그래서 유대교의 지도자들은 예수를 미워했어요. 예수가 많은 사람의 존경을 받는 것도 싫었고, 자신들이 누리던 특권과 권위가 무너질 것도 두려웠지요.

그들은 로마 사람에게 예수를 모함했어요.

"예수가 자신이 유대 사람의 왕이라면서 백성들을 혼란케 했을 뿐만 아니라, 로마에 반란을 일으키려 했습니다!"

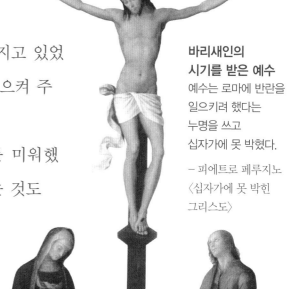

선민의식

유대 사람이 느끼는 종교적 우월감을 말해. 하나님이 세계 백성 가운데 유대 백성만을 선택했다는 믿음이야.

바리새인의 시기를 받은 예수
예수는 로마에 반란을 일으키려 했다는 누명을 쓰고 십자가에 못 박혔다.

– 피에트로 페루지노
〈십자가에 못 박힌 그리스도〉

예수는 곧 로마 병사들에게 붙잡혀 로마 총독 폰티우
스 필라투스(본디오 빌라도)에게 끌려갔어요. 총독은 예
수를 심문한 결과 예수에게 아무런 죄가 없음을 확인
했지만, 끝끝내 예수는 십자가에 못 박혀 세상을 떠났
지요. 예수가 못 박힌 십자가에는, '유대의 왕 예수'라
는 푯말이 붙어 있었어요.

예수가 죽은 뒤, 사람들은 '진정한 구세주인 예수가
부활할 것이다.'라고 믿으며 예수를 구세주로 받들었어
요. 이렇게 크리스트교가 탄생했어요.

마굿간에서 태어난 구세주

예수는 이스라엘의 베들레헴에서 가난한 목
수 요셉과 마리아 사이에서 태어났어요. 헤롯
왕은 마굿간에서 태어난 아이가 구세주가 될
것이라는 예언을 듣고 두 살 이하의 아기는
모두 죽이라는 명령을 내렸지요. 다행히 예수
는 이때 이집트로 피해 있었던 덕분에 목숨을
건질 수 있었어요. 이후 예수는 성장하여 예
루살렘으로 돌아와 설교를 하게 되지요.

– 헤라드 반 혼토르스트 〈목자들의 경배〉

크리스트교, 널리 퍼지다

크리스트교는 예수가 살아 있을 때 제자였던 베드로와 요한 등에 의해 주변 지역으로 퍼져 나갔어요. 이때까지만 해도 크리스트교는 유대교와 분리되지 않은 채 유대교의 예배나 율법을 지키고 있었지요.

누구보다 크리스트교 전도에 가장 큰 힘을 기울인 사람은 바울이었어요. 바울은 오늘날의 터키인 소아시아와 그리스 등을 돌아다니면서 전도를 하기 시작했어요. 바울이 바로 크리스트교 최초로 다른 민족의 사람들에게 크리스트교를 알리고 전한 전도자예요.

바울은 그리스 문화의 한복판이라고 할 수 있는 아테네의 아크로폴리스 언덕까지 이르렀어요. 마침내 로마에 닿은 거예요. 바울은 2년씩이나 감옥에 갇히면서까지 크리스트교를 알리는 데 온갖 노력을 아끼지 않았어요.

바울이 애쓴 덕분에 크리스트교는 점차 유대교로부터 독립했어요. 물론 처음에 사람들은 크리스트교를 유대교에서 나온 한 갈래로밖에 생각하지 않았어요. 하지만 2세기에 이르러 로마 제국의 많은 지역에 교회들이 속속 세워졌지요. 크리스트교는 이렇게 세계 종교로 빠

베드로

예수의 열두 제자 중 한 명이었어. 그중 일인자였고, 시몬이라고 불리기도 했지.

요한

베드로와 마찬가지로 열두 제자 중 한 명이었어. 〈요한복음〉, 〈요한 계시록〉 등을 썼어.

르게 성장해 나갔답니다.

　그러나 로마는 크리스트교를 매우 나쁘게 생각했어요. 크리스트교도는 황제를 숭배하지 않았고, 로마의 신도 믿지 않았기 때문이에요. 결국 로마의 황제들은 크리스트교를 박해하기 시작했어요.

　"크리스트교를 따르는 무리가 로마의 질서를 어지럽히고 있습니다!"

끊임없는 탄압에 크리스트교도들은 도시의 땅 밑에 있는 지하 묘지에서 종교 모임을 가지기도 했어요. 그 지하 묘지를 카타콤이라고 해요. 카타콤에는 믿음을 지키다가 목숨을 잃은 크리스트교도의 시신을 묻었지요.

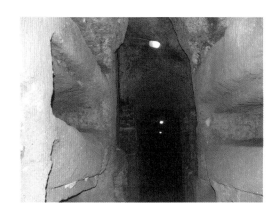

카타콤
로마 시대 크리스트교도들의 비밀 지하 묘지이다. 박해를 피해 카타콤에서 예배를 드리기도 했다.

로마 제국이 크리스트교를 탄압하고 아무리 막아도 크리스트교도는 더 늘어났어요. 뿐만 아니라 로마의 상류층까지 크리스트교를 믿는 사람이 늘어나기 시작했지요.

네로의 크리스트교 탄압

크리스트교가 로마 세계로 꾸준히 퍼져 나가고 있을 즈음, 기원후 54년 네로가 열일곱 살의 나이로 로마의 새 황제가 되었어요. 하지만 네로가 아직 성인이 아니라는 이유로, 네로의 어머니 아그리피나가 간섭을 자주 했지요. 제국을 다스리는 일까지 말이에요.

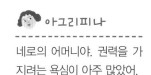

아그리피나
네로의 어머니야. 권력을 가지려는 욕심이 아주 많았어.

네로는 어머니로부터 독립하려고 노력했어요. 아그리피나는 이것이 못마땅했지요. 그래서 네로를 황제의 자리에서 쫓아낼 계획을 꾸미기도 했어요.

이렇게 네로는 어머니와 자주 다투다가 마침내 어머니를 살해하고, 친구의 아내까지 빼앗는 등 폭군이 되고 말았지요.

그렇지만 네로는 정치를 할 때에는 원로원보다는 평민의 편이었어요. 평민이 배불리 먹고 지낼 수 있도록 곡물 수입에 특히 신경을 많이 썼지요. 곡물을 들여오는 항구를 새로 만들고, 곡물 상인들이 활동하기 좋도록 제도를 개선했어요.

또한 평민들을 위한 문화 사업에도 신경을 많이 썼어요. 네로 자신이 직접 고대의 현악기인 리라 연주를 즐겨 했지요.

네로는 많은 신하들에게 공공연하게 자신의 실력을 자랑하곤 했어요.

"이것 보게! 나의 연주 실력이 어떤가? 만약 내가 죽는다면 로마는 위대한 예술가를 잃는 것이라네!"

실제로 네로는 그리스에서 열린 각종 대회에 나가 우승하기도 했어요.

그러던 기원후 64년의

네로의 가장 큰 악행
네로의 어머니 아그리피나는 네로가 자신의 말을 듣지 않자 다른 사람을 황제로 올리겠다고 말했다. 이에 위협을 느낀 네로가 아그리피나를 죽이고 말았다.

– 존 윌리엄 워터하우스 〈어머니를 살해하고 양심의 가책을 느끼는 네로〉

46

어느 날, 네로가 로마를 떠나 시골의 별장에서 휴가를 즐기고 있을 때였어요.

로마에 큰 불이 나고 말았어요. 어떻게 시작되었는지는 알 수 없었지만, 한 곳에서 시작된 작은 불길은 바람을 타고 순식간에 로마 시내 전체로 번졌어요. 보름 동안이나 계속된 이 화재로 로마의 절반이 불에 탔고, 이재민이 수없이 많이 발생했지요.

"황제 폐하, 로마에 큰 화재가 일어났습니다. 속히 로마로 돌아가십시오."

"그래. 어서 로마로 가야겠구나!"

네로는 서둘러 로마로 돌아갔어요. 시민들은 로마 황제에게 애타게 구원을 요청했어요.

"황제 폐하! 사랑하는 가족을 잃었습니다. 집은 불타 없어지고, 먹을 것이 없습니다."

네로는 로마 시민들을 위해 여러 가지 지원을 해 주었어요. 하지만 로마 시민들은 화재 때문에 크게 분노했어요. 금세 반란이라도 일으킬 태세였지요.

그러자 네로 황제는 엉뚱한 사람을 범인으로 몰았어요. 자신에게 쏟아지는 비난을 피하기 위해서였지요.

"시민들이여! 로마에 불을 지른 사람은 크리스트교도입니다!"

이재민

재해를 입은 사람을 말해.

네로의 횃불
네로는 크리스트교도를
박해했다. 이 그림은
크리스트교도를 화형시키는
모습을 묘사했다.

– 헨릭 세미라드즈키
〈네로의 횃불〉

 검투사

로마 제국 당시 원형 경기장
에서 사람끼리, 혹은 맹수와
싸움을 벌이는 경기에 참가
한 사람을 말해.

그 탓에 아무런 죄가 없는 크리스트교도가 탄압을 받
았어요.

어떤 사람은 끌려가 검투사가 된 후, 다른 검투사나
맹수에게 죽임을 당하기도 했어요. 예수님처럼 십자가
에 못 박혀서 죽은 사람도 있었고, 어떤 이는 돌에 맞
아 죽기도 했어요. 그렇게 죽은 크리스트교도가 이루
말할 수 없이 많았지요.

하지만 네로 황제도 오래 버티지는 못했어요.

그로부터 4년 뒤, 갈리아와 히스파니아에서 반란이
일어나 새 황제를 추대했어요. 그러자 황제를 가까이에
서 지키는 군대, 근위대가 네로에 대한 충성을 거부했
지요. 원로원도 네로를 적이라 선언했고요.

이에 네로는 하인 몇 명만 데리고 로마 근교의 별장에 숨었어요. 하지만 심한 압박을 받게 되자 자결을 결심하고 숨을 거두게 되었어요.

 # 로마의 수난

네로 황제가 죽은 뒤, 정치인이자 군인이었던 베스파시아누스가 황제가 되었어요.

베스파시아누스는 어려움에 처한 로마의 경제 상태를 회복시키고, 콜로세움과 신전을 새로 짓기 시작했어요. 로마 제국은 예전과 같은 질서와 번영을 되찾기 시작했지요.

특히 그의 아들 티투스는 인기가 좋은 편이었어요. 무엇보다 정복 전쟁에서 활약이 대단했기 때문이에요.

티투스는 황제가 되기 전 용맹한 로마 군을 이끌고 반란을 일으킨 유대를 정복했어요. 2차에 걸친 유대 사람의 반란을 억누르고 예루살렘을 파괴했지요. 그리고 그곳에 로마식 도시를 세웠답니다.

유대 사람에게는 끔찍한 사람이었지만, 로마 시민에게는 용맹한 장수로 칭송받게 된 일이었지요.

 티투스

로마 대화재 이후 로마 시를 다시 세운 로마 제국의 황제야. 콜로세움을 완공했어.

티투스는 승리를 기념하기 위해 개선문을 세우게 하고, 바로 그 문을 통해서 로마로 돌아왔답니다.

하지만 티투스 황제 앞에는 예상하지 못했던 불행이 기다리고 있었어요.

티투스가 황제가 되던 해인 79년 8월, 로마의 아름다운 도시 폼페이 근처 베수비오 산 꼭대기에서 연기가 피어오르고 있었어요.

"산에서 왜 연기가 나죠? 아마 대장장이 신이 칼이라도 만들고 있나 봐요?"

폼페이의 시민들은 아무런 걱정을 하지 않았어요.

이때까지 폼페이는 로마에서 가장 아름답고 평온한

폼페이

이탈리아 남부 나폴리 만 기슭에 있던 고대 도시야.

예루살렘을 정복한 티투스
티투스의 개선문에는 전리품을 약탈해 가는 로마 군의 모습이 새겨져 있다.

휴양 도시였어요. 많은 귀족이 이곳에 별장을 지었고, 여름휴가를 보내려는 관광객이 넘쳤지요.

다만 몇몇 사람만이 불의 신, 불카누스의 노여움을 풀기 위해 제사를 올렸어요. 미리 다른 도시로 피한 사람도 있었지만 그 수가 아주 적었어요.

그러던 8월 24일, 연기만 피어오르던 베수비오 화산(52쪽)이 마침내 폭발했어요. 붉은 불기둥이 솟구쳐 올랐고, 뒤이어 붉은 용암이 끓어 넘치듯 산 아래로 쏟아져 내렸어요. 하늘은 금세 시커먼 연기로 뒤덮였어요.

"화산이 폭발했어요! 얼른 피하세요!"

시민들은 베수비오 화산과 반대쪽으로 내달렸어요.

로마의 오락실, 콜로세움

이탈리아 로마에 남아 있는 원형 경기장이다. 티투스 황제는 아버지 베스파시아누스 황제가 시작한 콜로세움 공사를 완성했다.

 불카누스

로마 신화에 나오는 불과 대장장이의 신이야.

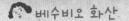

이탈리아 남부 나폴리의 동쪽에 있는 활화산이야. 79년에 폼페이를 화산재로 뒤덮은 이후에도 여덟 번이나 더 폭발했대.

살아남으려고 안간힘을 썼지요.

하지만 어떤 사람은 앉은 채로, 혹은 누운 채로 용암에 파묻혀 목숨을 잃었어요. 화산에서 뿜어져 나오는 가스에 질식해 죽은 사람도 많았어요. 이때, 폼페이 사람 중 10분의 1이 목숨을 잃고 말았지요. 그들은 먼 훗날 화석으로 발견되었어요.

하지만 티투스 황제의 불행은 여기서 끝나지 않았어요.

폼페이가 화산 폭발로 잿더미가 된 바로 이듬해, 전염병이 로마 전 지역을 휩쓸었어요.

하루에도 수십, 아니
수백 명의 시민들이 원
인을 알 수 없는 전염병에
걸려 목숨을 잃었어요. 살아남
은 사람들도 공포에 질렸지요.
"황제 폐하, 죽어 가는 로마 시민들을
구원하소서."
시민들은 간절하게 외쳤어요.
티투스는 전염병으로 신음하는 시민을 찾아
다니며 격려하고, 환자를 돌보기도
했어요.

하지만 아뿔싸! 그러느라 황제 자신도 전염병에 걸리고 말았지요.

"아아! 우리는 인자한 황제를 잃었구나."

로마 시민들은 티투스 황제가 죽자 진심으로 슬퍼했어요. 로마 시민에게 아주 인자했던 티투스는 황제에 오른 지 고작 2년 만에 세상을 떠났어요.

그 짧은 기간 동안 로마는 큰 비극을 두 번이나 겪어야 했던 것이지요.

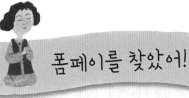

폼페이를 찾았어!

화산 폭발 이후, 폼페이는 사람들의 기억에서 사라졌어요. 그러다가 1748년, 폼페이 부근의 한 우물가에서 손 모양의 화석이 발견되면서 발굴이 시작되었어요. 집과 상점, 목욕탕이 온전히 모습을 드러냈고, 목욕탕에서 목욕을 하던 사람, 물건을 사던 사람, 아이를 업고 가던 엄마까지 화석으로 발견되었지요. 흔적도 없이 사라졌던 폼페이가 1670년 뒤에 드디어 모습을 드러낸 거예요.

평화로워진 로마

티투스 황제가 죽고 15년 후인 96년, 네르바 황제가 등극했어요. 네르바 황제는 원로원과 죄인, 크리스트교도에게 너그러웠어요.

이후 네르바 황제를 포함해 어질고 현명한 다섯 명의 황제가 로마를 다스렸어요. 아우구스투스 때부터 이어진 로마의 번영이 이 시기에 최고 황금기를 맞았지요. 이 시대를 일컬어 팍스 로마나라 불러요.

네르바 황제의 가장 큰 업적은 무엇보다 황제 자리를 친자식에게 상속하지 않고, 유능한 인재를 찾아 물려주기로 한 것이에요.

"나는 게르마니아의 총독 트라야누스를 양자로 삼아 황제 자리를 넘겨주겠습니다!"

네르바로부터 황제의 자리를 이어받은 트라야누스는 영토를 넓히는 데 힘썼어요. 트라야누스는 도나우 강을 건너 다키아라는 곳을 정복하고, 그곳에 물러난 군인과 로마 속주의 주민이 옮겨 살게 했어요. 그리고 로마의 문화를 전했지요.

 팍스 로마나

'로마의 평화'라는 뜻이야. 아우구스투스 때부터 오현제라 불리는 다섯 황제의 통치 기간까지를 말해.

 게르마니아

로마 사람들이 지금의 독일, 폴란드, 체코, 슬로바키아 등 게르만 사람이 살던 지역을 부르던 말이야.

트라야누스와 이민족
트라야누스 황제와 이민족의 모습이 트라야누스 개선문에 새겨져 있다.
그는 로마 제국 사상 영토를 가장 크게 넓혔다.

그곳은 훗날 로마의 이름을 따서 '루마니아'라고 불렸어요. 그 외에도 트라야누스는 군대를 이끌고 아프리카의 사하라 사막 부근까지 나갔고, 동쪽으로는 지중해 동해안의 시리아 남부까지 차지했어요. 이어 아라비아 반도 인근 페르시아만까지 진출하여 작은 나라들을 로마의 속주로 만들었지요. 그럼으로써 로마는 역사상 가장 넓은 영토를 갖게 되었답니다.

그 뒤를 이은 하드리아누스 황제는 이렇게 얻은 영토를 꼼꼼히 둘러보았어요.

오현제

하드리아누스
• 재위 기간 117년~138년

안토니누스 피우스
• 재위 기간 138년~161년

네르바
• 재위 기간 96년~98년

"나는 영토를 더 이상 넓히지 않을 것이다! 지키는 것이 훨씬 중요하다!"

그러느라 하드리아누스 황제는 황제로 있던 기간의 절반을 속주 시찰로 보냈답니다. 특히 오늘날 영국인 브리타니아 지역에는 성을 쌓아 북방 민족의 침략에 대비했지요.

오현제 중 네 번째 황제인 안토니누스 피우스 황제는 매우 청렴했어요. 스스로 낭비를 줄여 나라의 재산을 아꼈고, 모든 일을 공정하게 처리하려 노력했어요. 덕

 오현제

로마 제국 최고의 전성기를 이끈 다섯 황제야. 네르바, 트라야누스, 하드리아누스, 안토니누스 피우스, 마르쿠스 아우렐리우스를 말해.

트라야누스
• 재위 기간 98년~117년

마르쿠스 아우렐리우스
• 재위 기간 161년~180년

분에 안토니누스 피우스는 '경건한 자'라는 칭호를 받
기도 했지요.

그런데 특이하게도 두 명의 양자를 두어, 이 둘에게
황제의 자리를 물려주었어요. 마르쿠스 아우렐리우스
와 루키우스 베루스였어요. 안타깝게도 루키우스는 8
년 만에 세상을 떠나고 말았지요.

결국 마르쿠스 아우렐리우스가 홀로 황제의 자리를
지켰는데, 외적의 침입에 굳건히 버티며 한편으로는
≪명상록≫이라는 책을 쓰기도 했답니다.

이 다섯 황제가 지배하는 동안 로마 사회는 그 어느
때보다 안정되었고, 평화로웠어요.

로마를 중심으로 사방팔방의 큰 길이 뚫려 물자가 원활하게 이동하였고, 땅과 강, 바다 어디서든 활발하게 무역을 했어요. 특히 이미 이때부터 바다로는 대서양으로 나아가 인도와 무역을 했고, 땅으로는 비단길을 따라 중국의 값비싼 비단을 수입하기도 했답니다.

그런 덕분에 도시들이 크게 발달했지요. 이 도시들에는 어느 정도의 자치권이 있었어요. 지금의 런던과 파리, 빈과 같은 도시들이 바로 이즈음부터 도시의 기반을 닦았답니다.

그래서 ≪로마 제국 쇠망사≫를 쓴 역사가 기번은 '이 시대야말로 인류 역사상 가장 행복한 시대'라는 말까지 남겼지요. 뿐만 아니라 로마 시민들 사이에서는 '로마는 세계를 정복하고 지배해야 하는 사명을 가지고 있다!'는 생각이 싹트기도 했어요.

예수가 많은 사람에게 존경을 받았던 이유를 생각해 보자.

세계 3대 종교를 알아보자!

세계에는 여러 가지 종교가 있어요.
그중 크리스트교와 불교, 이슬람교는 세계 3대 종교로,
전 인류가 따라야 할 보편적 진리를 추구하고 있어요.

예루살렘

크리스트교

메카

성묘 교회
예수가 묻힌 곳에
세운 교회(예루살렘)

네 이웃을
네 몸과 같이
사랑하라.

〈기원후 1세기〉 유대의 예수가 창시했어요.
지금은 유럽 전체, 아메리카, 한국과 아시아 등
여러 나라에 퍼져 있지요.

다멕 스투파
석가모니가 처음 불교의
진리를 전한 곳(사르나트)

가난한 이가 와서
구걸하거든 아까워하지 말고
분수껏 나누어 주어라.

사르나트

〈기원전 6세기〉 인도의 석가모니가
창시했어요. 지금은 인도보다는
한국, 중국, 인도차이나, 스리랑카 등
여러 나라 사람들이 믿고 있지요.

불교

이슬람교

인내는
만족의 열쇠이다.

알 아크사 바위돔
마호메트가 승천했다는
사원(예루살렘, 발상지는 메카)

〈기원후 7세기〉 아라비아의 마호메트가 창시했어요.
지금은 중동 지역과 북아프리카, 파키스탄 등지에
신자들이 많아요.

3장 로마 제국의 분리

훈 족

대서양

동고트 족

서고트 족

흑해

콘스탄티노폴리스

지중해

로마 제국의 분리와
서고트 족의 이동

동로마 제국 ●
서로마 제국 ●
훈 족의 이동 →
서고트 족의 이동 --->

흥! 우리 게르만 족이 깡패라고? 야만인이라고? 로마 사람은 우리를 그렇게 불렀지. 물론 한때 우리는 읽지도 쓰지도 못했고, 동물의 가죽을 벗겨 걸치고 다녔으니까. 하지만 우리는 누구보다도 용맹해. 그 누구와 싸워도 지지 않을 자신이 있어. 우리는 족장을 뽑을 때도 가장 강인하고 용맹한 사람을 뽑지. 그래서 우리가 주로 섬기는 신도 오딘이라 부르는 전쟁의 신이야. 두고 봐. 우리야말로 훗날, 로마가 지배하던 땅 전체를 차지하게 될지도 모르니까.

혼란스러워진 로마

헤라클레스로 꾸민 코모두스
오현제를 이어 황제가 된 코모두스가 자신이 헤라클레스의 화신이라고 주장했다는 이야기도 있다.

시민을 위해 훌륭한 정치를 했던 마르쿠스 아우렐리우스는 딱 한 가지 실수를 저지르고 말았어요. 다음 황제의 자리를 친아들에게 물려준 거예요. 유능한 인재를 제쳐 두고 말이에요.

친아들 코모두스는 아버지에 비해 현명하지도 않았을 뿐만 아니라, 오히려 정치는 간신들에게 맡기고 자신은 사치스럽게 즐기는 일에만 몰두했어요.

그러던 어느 날, 코모두스는 반란 사건에 휘말려 위기에 처하고 말았어요. 더구나 누이동생까지 이 반란에 가담하는 바람에 그 충격은 이루 말할 수가 없었지요.

코모두스는 폭군으로 돌변했어요. 조금이라도 의심이 되면, 귀족이라도 가만두지 않았어요.

심지어 괴상한 행동을 일삼기도 했어요. 이에 대해서는 여러 가지 설이 있어요.

유난히 잘 생긴데다가 체격이 남달랐던 코모두스 황제는 자신을 신처럼 떠받들라고 강요했지요. 뿐만 아니라, 자신의 조각상을 만들어 로마 곳곳에 세우고는 숭배하게 했어요.

코모두스 황제의 기이한 행동은 계속되었어요.

어느 날은 자신이 직접 검투사로
분장하고 원형 경기장에 나갔어요.
"나야말로 로마 최고의 검투사
다! 누가 나를 이길 것인가?"

그러더니 사자를 풀어 놓고 활로
쏘아 죽이고 심지어 검투사들을 창
과 칼로 살해하기도 했다고 해요.

로마 속주의 원형 경기장
크로아티아 항구도시 풀라에
남아 있는 원형 경기장이다.
로마 제국은 속주 곳곳에
로마 건축물과 똑같은
건축물을 세웠다.

마침내 코모두스는 193년 1월 1일, 수많은 귀족과 시
민들 앞에서 선언했어요.

"내가 직접 집정관이 될 것이다!"

코모두스의 이해할 수 없는 행동에 시민들은 크게 분
노했어요. 화가 난 시민들이 들고 일어나, 레슬링 선수
로 하여금 코모두스의 목을 졸라 죽이게 한 거예요.

다행히 코모두스가 죽은 뒤에 황제의 자리에 오른 셉
티미우스 세베루스는 부패한 황실 근위대를 개혁하고
국경의 수비를 탄탄히 하는 등 나라의 안정을 되찾는
데 힘썼어요. 하지만 그렇다고 로마에 드리운 어두운
그림자가 다 걷히지는 않았어요.

세베루스의 뒤를 이어 황제가 된 카라칼라는 코모두
스와 다를 게 없었어요.

카라칼라는 아버지 세베루스가 공동 통치자로 임명

어린 카라칼라와 가족
카라칼라는 황제가 되기 위해
공동 통치자였던 동생 게타를
죽였고 사진처럼 게타의
모습을 모두 지워 버렸다.

카라칼라의 공공시설
카라칼라 황제 때 지은 공중목욕탕의 유적이다. 한번에 1,600명을 수용할 수 있었다. 이곳에는 냉탕과 온탕, 한증탕이 따로 갖추어져 있었고, 넓은 홀과 도서관은 물론 경기장과 상점까지 들어서 있었다.

해 두었던 동생 게타를 죽이고 혼자서 황제의 자리를 독차지했어요. 뿐만 아니라 그런 자신의 잘못을 비판하는 시가 알렉산드리아에 퍼지자, 수천 명의 시민을 무참하게 살해했지요. 카라칼라를 나무라는 원로원 의원과 로마 시민까지 수만 명을 죽였답니다.

어떤 이야기에 따르면 카라칼라는 아침에 일어나면 곰과 싸우고, 사자의 다리 사이에서 잠을 자는 등 기이한 행동도 서슴지 않았다고 해요. 그럼에도 불구하고 카라칼라는 군인들에게는 지지를 받았는데, 병사들의 봉급을 두둑이 주었기 때문이라는 추측도 있지요.

한편으로 카라칼라는 공공시설을 만들고 보완하는 데에도 신경을 썼어요. 뿐만 아니라 안토니누스 칙령을

선포해 로마 제국의 모든 자유민들에게 시민권을 주었어요. 물론 세금을 더 거둬들이려는 속사정이 있긴 했지요.

카라칼라 황제를 죽이고 황제의 자리에 오른 마크리누스 황제, 동방 출신의 엘라가발루스 황제 역시 무능하였을 뿐만 아니라, 권력 싸움에 밀려 차례로 살해당하고 말았어요.

이후로는 군인이 로마의 황제를 추대했어요. 하지만 곧 그 황제가 살해되는 등 혼란을 거듭했어요. 특히 235년부터 284년까지 약 50년 사이에는 무려 스물여섯 명의 황제가 추대되고, 물러나기를 반복했답니다. 군대가 법을 무시하고 자신들의 이익에 맞는 사람을

🧔 **안토니누스 칙령**

- - - - - - - - - - - - - - - - - - - -

카라칼라가 212년 선포한 명령이야. 안토니누스 피우스 황제의 생각을 따라 만들어진 명령이지.

🧔 **시민권**

- - - - - - - - - - - - - - - - - - - -

시민으로서 행동, 재산의 자유가 보장되고 정치에 참여할 수 있는 권리야.

로마 시대의 군인이 담긴 트라야누스 기념주의 일부
로마 시대 군인은 전투를 하지 않을 때에는 도로를 만들고 성을 쌓기도 했다. 군인은 비교적 높은 봉급과 시민의 권리를 누렸다.

황제로 추대했기 때문에 이때를 군인황제 시대라 불러요.

물론 이들 중에는 갈리에누스 황제처럼 로마의 부활을 위해서 새로운 군사 체제를 마련하거나, 아우렐리아누스 황제처럼 동방의 전술을 도입하여 국방력을 강화하려 했던 황제도 있었어요. 하지만 군인들의 끊임없는 권력 투쟁 때문에 성공하지 못했답니다.

이후로 등장한 황제들은 대부분 군대의 허수아비 노릇만 했어요. 그들은 자신을 지지하는 군대의 눈치를 보느라 바빴지요. 그래서 군인들에게 많은 봉급을 주었어요. 심지어 모자라는 돈은 원로원 의원이나 귀족들의 재산을 함부로 몰수해 충당하기도 했어요.

그러자 로마의 옛 지배층이 빠르게 몰락하기 시작했고, 반면 지방의 대토지 소유자들이 큰 세력으로 등장했어요. 지방 대토지 소유자들은 혼란스러운 로마의 눈치를 보며 점차 자립하려는 생각을 갖게 되었어요.

로마 제국의 불안한 미래가 눈앞에 와 있었지요. 50여 년간 로마의 시민들은 사실상 완전히 지쳐 있었고, 원로원도 힘을 잃었어요.

군인황제

3세기경 로마 제국 각지의 군대가 제멋대로 세운 황제를 말해.

로마 제국이 나뉘다

이런 혼란스러운 군인황제 시대에 마침표를 찍은 사람은 디오클레티아누스 황제였어요.

디오클레티아누스는 넓은 로마 제국을 좀 더 철저하게 다스리기 위해 영토를 네 등분했어요. 그리고 각 영토에 책임자를 두고 다스리게 했지요.

"로마 제국의 넓은 영토를 다스리려면 나누어 다스리는 게 효과적일 듯하오. 우선 로마를 동과 서로 나누어 내가 동로마를 맡고, 막시미아누스를 서로마의 황제로 임명할 것이오. 또한 갈레리우스를 동로마의 부황제로, 콘스탄티우스 클로루스를 서로마의 부황제로 삼겠소."

아울러 디오클레티아누스는 두 명의 부황제로 하여

디오클레티아누스

로마의 황제야. 284년 군대가 황제로 추대했지. 로마 제국을 나누어 통치하고 세금 제도, 화폐 제도를 개혁했어.

네 개 지역으로
나뉜 로마

디오클레티아누스 황제의 명
으로 네 명의 우두머리가 로
마 제국을 나누어 다스렸어.
물론 아직까지 로마가 완전
히 분리된 것은 아니었고, 진
짜 황제는 디오클레티아누스
한 사람뿐이었지.

금 원래의 부인과 이혼하게 하고, 그 대신 자신의 딸과
혼인시켜 결속을 다졌지요. 혹시라도 반란을 일으킬까
봐 두려워, 미리 방지하기 위한 것이었어요.

그 덕분에 속주에 대한 감시를 철저히 할 수 있었고,
반란의 기미도 수그러들었지요.

하지만 디오클레티아누스는 크리스트교를 매우 혹독
하게 탄압했어요.

콘스탄티우스 클로루스
• 갈리아, 이베리아 반도 담당

갈레리우스
• 발칸 반도 서부 담당

막시미아누스
• 이탈리아, 북아프리카 담당

디오클레티아누스
• 발칸 반도 동부, 이집트,
서아시아 담당

디오클레티아누스는 그간 혼란스러웠던 로마 황제의 권위를 되찾기 위해서는 황제의 권력이 막강해져야 한다고 생각했어요. 그래서 디오클레티아누스는 자신을 신의 대리인이라 칭했어요. 그리하여 자신을 다른 사람과는 다른 존재로 여기도록 했지요.

신의 대리인

디오클레티아누스는 자신을 신의 아들로 선포했어. 이후 로마 황제들은 신을 자처하며 로마를 다스렸지.

한편 크리스트교도는 로마의 전통 신을 인정하지 않았어요. 신은 오로지 하나님뿐이라고 생각했으니까요. 절대 다른 신은 섬기지 않았지요. 그래서 디오클레티아누스는 크리스트교도를 매우 못마땅하게 여겼어요. 뿐만 아니라 부황제 갈레리우스도 크리스트교 탄압에 적극적이었어요.

신은 오로지 하나님뿐

유일신 사상이라고도 해. 크리스트교는 신은 오직 여호와뿐이라고 여겨.

"저의 황후와 황녀까지 크리스트교를 받아들이고 로마의 신을 섬기는 일에 소홀히 하고 있습니다. 크리스트교를 그냥 두어서는 아니 됩니다!"

디오클레티아누스 황제는 이런 갈레리우스의 의견을 받아들였어요. 그것이 로마를 잘 다스리고 종교 질서를 바로잡는 데 필요하다고 생각했던 것이지요.

이에 따라 크리스트교에 대한 대대적인 탄압이 시작되었어요. 모든 크리스트교도들의 집회가 금지되고, 교회당이 무참히 파괴되었어요.

붙잡힌 성직자들은 나라 바깥으로 쫓겨나거나, 온갖

잔인한 방법으로 살해당했지요.

크리스트교에 대한 탄압이 수그러든 것은, 디오클레티아누스가 물러난 305년 무렵부터였어요. 이때 서로마의 황제 막시미아누스도 함께 황제의 자리에서 물러났답니다.

영토를 넷으로 나누어 통치할 때는 잠잠하던 로마의 황제 자리다툼이 다시 시작되었어요.

이 싸움에 불을 붙인 사람은 서로마 황제 막시미아누스의 아들인 막센티우스였어요. 막센티우스는 서로마 황제의 자리에 콘스탄티우스가 앉게 되자 불만을 터트렸어요.

"나야말로 진정한 황제이다!"

막센티우스는 스스로를 황제라 칭하며 근위대를 이끌고 이탈리아와 북아프리카 일대까지 점령했어요. 그 기세가 만만치 않았지요.

하지만 콘스탄티우스의 아들 콘스탄티누스가 이 싸움에 끼어들었어요. 콘스탄티누스는 자신의 군대를 이끌고 로마로 진격했지요.

"막센티우스의 반란을 잠재울 것이다! 진격하라!"

물론 쉽지 않은 싸움이었어요. 그만큼 막센티우스의 군대가 막강했기 때문이에요.

막센티우스가 새겨진 주화
이 주화에 새겨진 막센티우스는 막시미아누스 황제의 아들로, 로마 황제로서 이탈리아와 에스파냐, 아프리카를 다스렸다.

그러던 어느 날, 콘스탄티누스는 이상한 꿈을 꾸게
되었어요.

"십자가에 군기를 걸고 싸우라!"

꿈속에 예수가 나타나 그렇게 말해 주었어요. 콘스탄
티누스는 들은 대로 십자가에 군기를 걸게 했어요. 그
리고 막센티우스의 군대와 싸웠지요.

결과는 대승이었어요. 싸움에
진 막센티우스는 테베레 강가에
서 스스로 목숨을 끊었어요.

마침내 로마에 입성한 콘
스탄티누스는 로마의 시민들
과 원로원의 환영을 받으며
황제의 자리에 올랐어요.

그러나 콘스탄티누스
황제에게는 또 다른 적
이 있었어요. 바로 동로
마 황제 리키니우스(74쪽)
였어요.

314년 콘스탄티누스는
발칸 반도에서 리키니우
스와 싸워 이겼어요. 패배

**로마 재통일의 주인공
콘스탄티누스의 두상**
나누어진 로마 제국을
다시 통일한 황제이다.
밀라노 칙령을 공포하여
크리스트교를 공식
인정했다.

리키니우스가 새겨진 주화
리키니우스는 갈레리우스가 후계자로 임명한 로마의 황제였다. 로마 제국을 다스릴 하나의 통치권을 두고 콘스탄티누스와 싸웠다.

한 리키니우스는 비잔티움으로 피했지요. 한동안 잠잠하게 지내던 콘스탄티누스와 리키니우스는 324년 다시 전쟁을 시작했어요. 땅 위에서도 바다 위에서도 승리는 콘스탄티누스 것이었어요. 결국 지금의 터키 지역인 크리소폴리스에서 벌어진 전투에서 리키니우스가 항복했지요. 리키니우스는 먼 곳에 쫓겨나 있다가 일 년 뒤 콘스탄티누스에게 처형당하고 말았어요.

이로써 콘스탄티누스는 네 조각 났던 로마를 다시 통일하고 제국의 유일한 황제가 되었답니다.

크리스트교를 공인한 로마

콘스탄티누스가 리키니우스를 공격한 데에는 또 다른 이유가 있었어요.

콘스탄티누스는 막센티우스를 물리치고 로마에 입성한 뒤, 그때까지 공동 황제였던 리키니우스를 밀라노에서 만났어요.

"신앙의 자유를 선포합시다. 우리는 크리스트교를 인정하겠습니다."

이것이 바로 313년에 있었던 밀라노 칙령이지요.

 밀라노 칙령

콘스탄티누스와 리키니우스가 313년 밀라노에서 함께 발표한 황제 명령이야. 시민들에게 신앙의 자유와 재산권을 인정해 주었지.

이어 콘스탄티누스는 크리스트교도가 박해를 받을 당시에 빼앗겼던 재산을 돌려주었고, 성직자에게 나라에서 해마다 돈을 주기 시작했어요. 또한 교회가 유산을 상속할 권한도 갖도록 해 주었지요.

하지만 그로부터 얼마 후, 리키니우스가 약속을 어기고 크리스트교도를 박해한다는 소식이 들려왔어요.

콘스탄티누스가 리키니우스를 공격해야 하는 또 하나의 이유가 생긴 거예요. 이때도 콘스탄티누스는 십자가 장식을 한 깃발을 앞세우고 리키니우스를 공격했고, 승리를 거두었지요. 마침내 콘스탄티누스는 로마 제국의 유일한 황제가 될 수 있었답니다.

콘스탄티누스는 325년, 니케아에서 제국의 모든 성직자를 불러 모아 크리스트교의 내부 문제를 마무리 짓고자 했어요.

이 무렵, 한쪽에서는 '예수와 예수의 아버지 하나님은 본질이 동일하다!'라고 주장했고, 또 다른 한쪽에서는 '예수가 하나님과 유사하지만 같은 신은 아니다!'라는 의견을 내고 있었어요.

회의를 거듭한 끝에 결국 한 가지 결론에 이르렀어요.
"하나님과 예수 그리스도와 성령은 하나다!"

이른바 삼위일체가 이때 인정을 받았어요. 이를 부정

유산 상속

한 사람이 죽은 후 재산에 대한 권리나 의무를 다른 사람에게 물려주는 일이야.

성령

크리스트교에서 하나님의 영을 이르는 말이야.

삼위일체

크리스트교에서는 성부(아버지 하나님), 성자(하나님의 아들), 성령(하나님의 영)이 모두 하나님 안에 있다고 해.

니케아 공의회
325년에 열린 크리스트교 최초의 종교 회의이다. 콘스탄티누스가 주도하여 모였는데, 회의 결과 여러 가지 교회법을 발표하였다.

하는 자들은 크리스트교의 교리에 어긋나는 이단으로 간주되었지요.

그리고 콘스탄티누스 황제는 새로운 수도를 정하려고 했어요. 왜냐하면 이전 디오클레티아누스가 로마 제국을 동과 서로 가른 후, 수도도 두 개로 나누어 정해 놓았기 때문이에요.

동로마 수도는 로마의 속주 중 한 곳인 니코메디아로, 서로마의 수도는 밀라노로 정해 두었지요. 하지만 어느 곳도 콘스탄티누스 마음에 들지 않았어요.

"위대한 로마 제국의 황제인 나의 이름을 딴 도시를 수도로 건설해야겠어!"

그렇게 하여 선택한 도시가 바로 비잔티움이었어요. 황제가 돌아올 것이라고 기대한 로마의 시민들은 적잖이 실망을 했지요.

비잔티움은 요새와 같은 도시였어요. 앞으로는 바다가 펼쳐져 있어서 동시에 바깥의 여러 지역을 감시할 수 있었지요.

뿐만 아니라 잘 발달한 항구가 있어서 교역의 중심지 역할을 할 수도 있었어요.

마침내 콘스탄티누스는 비잔티움을 로마 제국의 새로운 수도로 선포하고, 이전보다 네 배 이상 크게 확대한 뒤 성벽을 쌓았어요. 그리고 330년, 도시의 이름을 콘스탄티노폴리스로 바꾸었지요.

콘스탄티누스가 새로운 수도를 정한 데는 또 다른 이유가 있었어요. 아무래도 전통적인 종교와 신전이 가득한 로마에서 크리스트교 세력을 키워 나가기는 부담스러웠던 것이에요. 또한 도나우 강 북쪽에 자리 잡은 고트족의 침략에 대비해 국경을 강화시키려는 목적도 있었지요.

비잔티움의 풍경이 그려진 그림
오늘날 터키의 이스탄불이다. 고대 그리스가 정복한 이후 '비잔티움'이라고 불렸다. '콘스탄티노폴리스'가 된 뒤 천여 년 간 동로마의 중심지로 번영하였다.

– 프란스 호겐베르그
≪세계 도시 지도≫ 책 중

로마의 정치적 중심지는 서쪽에서 동쪽으로 옮겨 갔어요.

콘스탄티누스는 이곳에 커다란 교회를 여러 개 지었어요. 이때부터 크리스트교는 매우 빠르게 발전했어요.

392년, 마침내 테오도시우스 황제 때에는 크리스트교가 로마의 국가 종교로 선포되었어요.

크리스트교는 로마 제국의 보호 아래서 전 세계를 아우르는 종교로 발전하게 되었답니다.

콘스탄티누스 개선문
312년 콘스탄티누스가 로마 제국을 재통일한 것을 기념해 세웠다.
원로원이 315년 건축하여 콘스탄티누스에게 바쳤다.

콘스탄티누스가 세운 교회
이탈리아 로마에 있는
라테란의 성 요한 성당이다.
원래 궁전이었던 것을
성당으로 개조했다.
이후 1307년까지
교황청으로 쓰였다.

 # 서로마 제국의 멸망

로마는 오현제 시대 때부터 이미 쇠퇴의 기운이 자라
나고 있었어요. 무엇보다 로마는 노예와 가난한 시민들
이 생산을 담당하고 있었는데, 이들에게 생산력의 증가
나 기술의 발전을 기대할 수 없었어요.

가난한 시민들이 아무리 열심히 일해도 세금은 계속
늘어났고, 물건의 값이 하늘을 찌를 듯 올랐기 때문이
에요. 하지만 이에 비해 부유한 상류층은 세금을 낼 필
요조차 없었어요. 그러다 보니 빈부의 격차는 점점 더

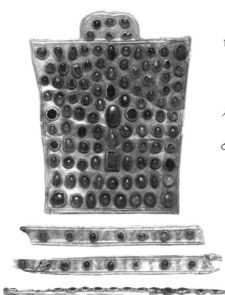

훈 족의 말 장식
훈 족이 사용하던 말 장식이다.
실제 전투용이라기보다는
부와 권력을 나타내기 위해
쓰였다.

벌어졌지요.

이런 문제가 커지고 있을 즈음, 아시아 쪽에서 이동해 온 훈 족이 볼가 강을 건너와 그곳에 살던 서고트 사람을 밀어냈어요.

갈 곳이 없던 서고트 사람은 하는 수 없이 로마의 영토인 모이시아로 이주했지요.

하지만 서고트 사람은 관리들의 푸대접에 불만을 품고 폭동을 일으켰어요. 로마의 황제는 이들을 진압하기 위해 군대를 끌고 싸움터로 나갔지만, 전멸하고 말았지요. 황제마저 전사하고 말았어요.

로마 군을 격파한 서고트 사람은 자신감을 얻어 계속 남쪽으로 내려왔어요. 그러자 테오도시우스 황제는 도나우 강 남쪽의 황무지 지방을 서고트 사람에게 내주었지요.

"서고트 사람에게 자치를 허용하노라. 다만, 로마 군에 병사를 제공해야 한다."

로마의 배려에 서고트 사람의 침입은 잠시 주춤거렸어요.

테오도시우스 황제

도 더 이상 게르만 족의 침입에 대비하지 않았어요. 그러고는 종교 정책에만 몰두했어요.

테오도시우스 황제는 크리스트교를 국가 종교로 선언했어요. 심지어 그리스에서 벌어지던 올림피아 제전 경기도 이교도의 행사라며 금지시켜 버렸답니다. 나아가 이교도들을 추방하고 그들이 가진 땅까지 모두 빼앗아 버렸지요.

테오도시우스 황제는 세상을 떠나면서 두 아들에게 로마 제국을 동쪽과 서쪽으로 나누어 물려주었어요. 동로마와 서로마는 이렇게 영영 갈라졌어요. 이는 로마 제국의 힘이 약해지게 된 이유 중 하나가 되었지요.

410년, 게르만 족이 다시 서로마 제국의 영토에 침입했어요. 뿐만 아니라 '신의 채찍'이라는 별명으로 불리

 이교도
크리스트교에서 크리스트교 이외의 종교를 믿는 사람을 일컫던 말이야.

**서고트 족이 좋아한
독수리의 상징물**
서고트 족은 오늘날의 스웨덴,
노르웨이가 있는 스칸디나비아
반도에서 시작된 부족이다.
사진은 에스파냐의 서고트 족
무덤에서 발견된 6세기경의
독수리 상징물이다.

던 훈 족까지 쳐들어왔어요.

이때, 로마의 장군 아에티우스
가 가까스로 이들을 막아 내긴
했어요. 하지만 그게 마지막
이었어요.

이민족이 끊임없이 영토를
넘어오는데도, 서로마의 왕실
에서는 권력 다툼에만 골몰하고
있었으니까요.

바로 이때, 게르만 용병 대장인 오도아케르가 군대를
모아 로마로 진격했어요. 게르만 족은 이제 로마 제국
안에 머물면서 용병으로 활약하던 하찮은 외국 사람이
아니었어요. 게르만 족은 마침내 로마 황제를 강제로
폐위시켰어요.

"이제부터는 내가 이탈리아의 황제다!"

이를 계기로 서로마는 사실상 멸망하고 말았어요.
476년에 일어난 일이에요.

로마의 고대 사회는 문을 닫은 거나 마찬가지였어요.
그리고 이후부터는 로마가 야만족이라 부르던 북방의
민족들이 역사의 주인공이 되어 현재의 유럽을 중심으
로 활약하게 되었답니다.

로마의 문화

"로마가 정복한 그리스가 사실상 문화적으로는 로마를 지배했다."

로마의 한 시인이 말한 대로 로마는 그리스를 모방하면서 문화를 발전시켰어요. 로마의 신조차도 실은 그리스 신을 그대로 따라 한 것이었지요.

로마 사람이 공화정 초기에 12표법을 문서로 만들어 발표한 것도 그리스 사람의 영향이었어요. 물론 시간이 지나면서 재판의 기록이 쌓이고 학문적인 해석이 곁들여져서 로마 특유의 시

로마의 종교 의식
마르쿠스 아우렐리우스가 유피테르 신전 앞에서 희생제를 지내는 모습이다.

민법으로 발달해 갔지요. 그리고 이 법은 로마의 지배를 받는 모든 시민들에게 적용되었고, 훗날 동로마 황제 유스티니아누스가 편찬한 ≪로마법 대전≫에 모두 기록되었어요. 그리고 바로 이 법이 근대 법체계의 모범이 되었답니다.

철학이나 문학과 같은 학문 분야에서도 처음에는 그리스의 것을 계승했어요. 이성으로 감정을 조절하고 금욕적인 생활을 하려 노력했지요.

《명상록》
- - - - - - - - - - - - - - - - - - -
육체의 욕망을 스스로 조절하고, 어떤 어려움에도 쓰러지지 말고, 자신의 책임을 다하자고 주장하는 책이야.

《타키투스》
- - - - - - - - - - - - - - - - - - -
로마 제국의 역사가야. 황제 정치를 비판하고 공화정을 찬미했지.

《연대기》,《역사》
- - - - - - - - - - - - - - - - - - -
아우구스투스가 죽은 14년부터 티베리우스, 클라우디우스, 네로를 다루고, 도미티아누스가 죽은 96년까지 로마 황제들의 정치 활동을 적은 책이야.

황제였던 마르쿠스 아우렐리우스의 《명상록》에는 이러한 생각이 잘 나타나 있었답니다. 타키투스가 지은 《연대기》, 《역사》와 같은 역사책에는 윤리를 지키지 않는 걸 경고하는 내용이 들어 있었고, 나아가 옛 로마의 건강한 정신을 시민에게 심어 주려는 노력도 보였어요.

로마 사람의 개성이 가장 잘 나타난 분야는 실용적인 부분이었어요. 특히 건축과 토목 분야에서 로마 사람의 자신감과 기술이 가장 잘 드러났지요.

로마 사람은 점점 더 넓어지는 영토의 요충지들을 좀 더 빠르게 연결하기 위해 끊임없이 도로와 다리를 건설했어요. 그 길은 곧고 넓었지요.

서로마가 쉽게 멸망한 또 하나의 이유

서로마는 동로마에 비해서 인구가 적었어요. 그러니 군인의 수도 월등히 부족했지요. 서로마는 국방의 문제를 해결하기 위해 다른 민족의 용병을 고용해야 했어요. 이에 따라 많은 돈이 필요했어요. 그 때문에 서로마는 시민들에게 세금을 많이 거둬들이려 했어요. 하지만 수많은 시민들이 세금을 낼 형편이 안 되었어요. 그래서 서로마를 탈출해 떠돌이 생활을 했지요. 이는 국력의 약화를 가져왔고요. 그럼으로써 서로마는 분리된 지 채 100년도 못 되어서 멸망하고 말았답니다.

로마의 공중화장실
로마에는 대중이 사용할 수 있는 화장실이 설치되어 있었다. 네세사리아라고도 불렀고, 나라에서 운영했다.

아치를 이용해 신전, 목욕탕, 극장, 원형 경기장 같은 공공시설도 세웠어요. 뿐만 아니라 공중화장실을 지었고, 이를 위해 하수도와 배수구 시설을 갖추어 놓고 매우 깨끗하게 살았지요.

바로 이러한 로마의 문화는 서로마 제국이 멸망한 후에도 오랫동안 유럽의 많은 나라에 큰 영향을 끼쳤답니다.

평화롭던 로마에 왜 위기가 찾아왔을까?

로마 사람은 건축을 좋아해!

로마의 도로

로마 제국의 주요 도로는 그 길이만 총 9만 킬로미터에 달했어요.
보조 도로까지 합치면 20만 킬로미터를 넘었다고 해요.
고속도로에 해당하는 대도로는 폭이 2.4미터였고,
수레 한 대가 다닐 수 있는 도로의 폭은 약 1.2미터,
말과 행인이 다니는 길은 폭이 1미터, 지금의 인도에
해당하는 도로는 폭이 약 0.3미터였다고 해요.
로마에서는 도로를 건설하는 일도 중요한
군사 훈련 중 하나였답니다.

아치의 개발

아치는 둥그런 활 모양으로 건축재를 쌓는 건축 방식이에요.
이 방식은 건물 자체의 무게를 견디게 해 주지요.
로마 사람은 아치를 활용해 수도교와 콜로세움 같은
건축물을 지었답니다.

수도교

콜로세움

로마 시민의 집, 도무스

부유한 로마 시민이 살던 대저택에는 '아트리움'이라
불리는 안마당이 있었어요. 그 둘레로 거실과 식당,
주방, 침실 등이 있었지요. 아트리움은 지붕이
뚫려 있었는데 빗물을 집 안 한가운데의
연못으로 흘러들게 했답니다.

4장 불교 탄생과 인도

4세기

1세기

간다라

티베트

전진
한

고구려
신라
일본

백제
6세기

기원전 2세기

카필라 성 ●

부다가야(불교 성립)

4세기

동진

태평양

기원전 3세기

기원전 6세기

아잔타

5세기 8세기

아라비아 해

앙코르와트

불교의 전파

대승 불교 →

상좌부(소승) 불교 →

인도양

6세기

나는 지금 화공인 아빠를 따라 아잔타 동굴에 와 있어. 아빠는 동굴 안에 벽화를 그리시러 왔고, 난 아빠를 도우러 온 거야. 예전에 부처님을 그리는 대신 연꽃이나 보리수를 그리거나 조각했대. 이제는 카니슈카 왕께서 불교를 널리 퍼트리면서 부처님 그림도 그리고, 불상도 만들 수 있게 되었지. 아빠는 동굴에 부처님 얼굴도 그리고, 부처님 일생에 대해서도 그린대. 아, 그리고 다른 나라에서도 부처님을 믿기 시작했다는데, 넌 알고 있었어?

불교의 탄생

인더스 문명이 사라진 자리에 나타난 아리아 족의 브라만 종교 생활에서 가장 중요한 것은 신에게 제사 지낼 때 제물을 바치는 일이었어요.

"제물을 많이 바쳐야 신께서 잘 돌봐 주실 거야!"

게다가 제물을 바치는 의식이 복잡하고 길었지요. 사제들은 사람들의 상황을 이용했어요. 형식적인 면을 지나치게 강조하면서 사람들에게 더 많은 제물을 요구했던 거예요.

결국 사람들은 브라만교에 실망하기 시작했어요. 그래서 브라만교를 비판하는 사람들도 생겨났지요.

브라만 종교의 경전
브라만교의 경전 중 하나인 리그베다에는 자연의 신을 찬양하는 내용, 아리아 사람이 인도에 나라를 세운 과정이 담겨 있다. '베다'는 '지혜'를 뜻하는 말이다.

"제사 의식이 너무 형식적인 것은 옳지 않아요. 그보다는 사람의 마음속을 깊이 있게 들여다보는 것이 중요합니다."

이런 생각은 사람들이 새로운 종교에 귀 기울이게 하는 계기를 만들었어요.

기원전 6~5세기 무렵, 자이나교가 등장했어요. 마하비라가 창시한 자이나교는 〈베다〉의 가르침을 따르지 않았고, 신도 없었어요. 오로지 지켜야 할 규율만 있었지요.

자이나교의 창시자 마하비라
석가와 같은 시대에 활동했다. 크샤트리아 계급 출신으로 자이나교를 창시했다.

"살생을 하지 말고, 늘 진실하세요. 재산도 갖지 말며, 예물도 받지 마세요!"

자이나교 사람들은 그런 규율을 지켜야만 구원을 받을 수 있다고 강조했어요. 하지만 조금 지나친 면이 있었어요. 그들은 사람은 물론 동식물의 생명도 소중하게 생각했어요. 심지어 돌에도 생명이 있고, 공기와 불에도 영혼이 있다고 주장했지요. 워낙 생명을 중요하게 여기다 보니 농작물에 사는 벌레도 죽이지 못했어요. 그래서 농작물을 수확하는 농민이나 불을 다루는 장인들은 자이나교를 믿을 수 없었어요. 그런 까닭에 자이

😊 **자이나교**

기원전 6세기에 일어난 종교로 창시자 마하비라에게 깨달음을 준 성인을 '지나'라고 부른 데서 자이나교라는 종교 이름이 유래했어.

나교는 오래 지속되지 못하고, 금방 힘을 잃고 말았답니다.

이즈음 인도의 카필라 왕국에서 한 왕자가 태어났어요. 왕자의 이름은 싯다르타였고, 싯다르타는 왕가의 자손답게 나라 안에서 가장 훌륭한 학자와 예술가에게 교육을 받았어요.

싯다르타는 궁궐 바깥 세상이 궁금했어요. 그래서 종종 밖으로 나가 세상을 구경했지요. 그러면서 늙고 병들고 고생하며 죽는 사람들을 보게 되었어요.

"아, 세상 이곳저곳에 고통과 죽음이 도사리고 있구나! 나 혼자 편히 먹고사는 것은 옳지 않아!"

싯다르타는 자신의 지위와 신분을 버리고, 스물아홉 살 때 궁궐에서 나왔어요. 그리고 숲으로 들어가 육 년 동안 자신의 몸을 일부러 고되게 하고 욕망을 억누르는 수행을 했어요. 하지만 싯다르타는 깨달음을 얻지 못하고 쓰러졌지요. 싯다르타는 그래도 다시 보리수 아래에 앉아 움직이지 않고 깊이 생각을 하다가 일곱 주일(49일) 후 마침내 해탈을 했어요.

고행 끝에 해탈을 한 싯다르타는 브라만교를 거세게 비판했어요.

"신분을 차별하는 것은 옳지 않습니다. 돈이 많든 적든, 지위가 높든 낮든 누구나 평등합니다. 착한 일을 하면 해탈을 할 수 있습니다."

이런 싯다르타의 주장은 많은 사람들의 호응을 얻었어요. 왕조의 보호를 받으며, 국왕은 물론 상인과 천민에 이르기까지 갠지스 강 유역 전체에 빠르게 전파되었지요.

고행하는 싯다르타
싯다르타는 보리수 아래에서 49일 동안 깊이 생각을 한 끝에 해탈을 하고 부처가 되었다. 그가 깨달은 진리는 여러 나라로 전파되었다.

🔵 **해탈**

마음을 괴롭히는 노여움이나 욕망에서 벗어나는 것을 말하지.

인도 최초의 통일 왕조

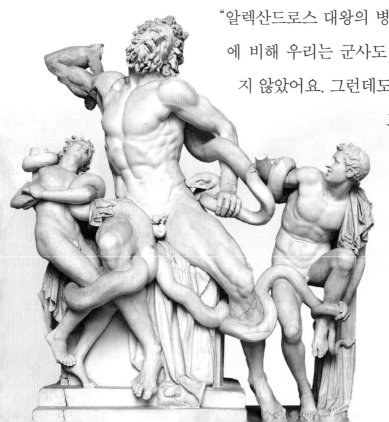

알렉산드로스

기원전 4세기경 마케도니아의 왕이야. 그리스, 페르시아, 인도에 이르는 넓은 제국을 세웠어.

불교가 퍼져 나가기 시작할 무렵, 갠지스 강 유역에는 부족 중심의 작은 왕국들이 나타나기 시작했어요. 이들 중 특히 마가다 왕국은 다른 왕국들에 비해 그 규모나 힘이 아주 컸지요. 그래서 더디긴 했지만 동서로 세력을 차차 넓혀 갔어요. 하지만 부족마다 똘똘 뭉쳐 있어 마가다 왕국은 영토 내의 다른 부족들을 제대로 통치하지 못했어요. 인도 대륙을 아우르는 통일 왕국이 진작 나타나지 못했던 것은 그 때문이었어요.

그러던 중 그리스 지역의 알렉산드로스 대왕이 인도 서북부 펀자브 지방까지 침략해 왔지요.

"알렉산드로스 대왕의 병사들은 고작 5만입니다. 그에 비해 우리는 군사도 많고, 무기도 그들에 뒤지지 않았어요. 그런데도 우리는 지고 말았습니다."

그것은 종족들이 서로 효과적으로 협동 작전을 펴지 못했기 때문이었어요.

알렉산드로스의 침입 후, 인도 대륙의 왕국들은 통일 왕국을 세워야 할 필요성을 느꼈어요. 또한 서양 세계에 눈을 뜨고, 알렉산드로스가 들어왔던 길을 따라 다른 나라와 교역과 교류를 활발하게 하기 시작했지요. 바로 이때에 인도의 철학이 그리스와 로마에까지 전달되었어요. 반면 인도에는 그리스의 천문학과 헬레니즘 예술이 들어왔지요.

이런 과정을 거치면서 펀자브 지방의 경제가 활성화되었어요. 통일 왕국이 들어설 기틀이 마련된 거예요.

이때 인도 지방을 처음으로 통일한 사람이 젊고 패기 있는 왕족 찬드라굽타였어요. 찬드라굽타는 알렉산드로스가 남기고 간 그리스 군대를 격파하고, 펀자브 지방을 다스리는 지배자가 되었어요. 나아가 통치력이 많이 쇠약해진 마가다 지역의 난다 왕조를 물리치고 새로운 왕조를 수립했어요. 기원전 4세기 인도 최초의 통일 왕국인 마우리아 왕조가 탄생한 것이에요.

찬드라굽타는 곧 갠지스 강 유역에서 막강한 힘을 떨쳤어요. 그리고 북으로는 히말라야 근처까지,

🐷 찬드라굽타

인도 마우리아 왕조의 1대 왕이야. 아소카 왕의 할아버지로, 인도 대부분을 통일하였어.

헬레니즘 예술
헬레니즘 예술은 사실적이고 거칠게 표현하여 강한 인상을 준다. 왼쪽 〈라오콘과 아들들〉, 오른쪽의 〈사모트라케의 니케〉가 그 특징을 보여 준다.

마우리아 왕조 주화
수레와 코끼리 형상이
새겨져 있다.

동쪽으로는 벵골 만에서 서쪽으로는 아프가니스탄에 이르는 넓은 지역을 차지했어요. 이후, 알렉산드로스 아래에 있던 셀레우코스 1세가 자신이 페르시아 왕임을 내세우며 펀자브 지방으로 쳐들어왔어요. 하지만 찬드라굽타는 셀레우코스 1세의 공격을 잘 막아 내고 평화협정을 맺었지요.

나라 밖이 안정되자, 찬드라굽타는 안으로 백성의 삶을 안정시키려고 애썼어요. 우선 넓어진 영토에 책임자(총독)를 직접 파견하여 다스렸어요. 백성을 위한 건설 사업도 벌였어요.

🌐 **수드라 계급**

인도 카스트 제도의 네 번째 계급이야. 청소, 농업, 도살 등 육체 노동을 했지.

계급이 낮은 왕자, 찬드라굽타

찬드라굽타는 난다 왕조의 왕자 계보에 속했어요. 하지만 어머니가 수드라 계급이었기 때문에, 자신도 어머니를 따라 마우리아라는 성을 가졌지요. 이것은 양 부모 중 계급이 낮은 쪽의 성을 따른다는 인도 계급 사회의 전통이었어요. 그래서 찬드라굽타는 왕족이면서도 낮은 신분 대우를 받아야 했어요. 그러나 찬드라굽타는 난다 왕조의 공주와 결혼함으로써 난다 왕조를 계승할 수 있는 자격이 생겼어요. 물론 찬드라굽타가 오래도록 통치하지는 못했지만, 그는 죽은 후에도 '왕 중의 왕(마하라자드히라자)'이라 불리며 칭송을 받았답니다.

"댐과 수로를 만들어 백성들이 농사를 짓는 데 아무런 불편이 없도록 하라!"

그러는 한편으로 군대를 키우고자 온 힘을 기울였어요. 로마의 역사가들이 기록한 바에 따르면, 찬드라굽타는 약 60만의 보병을 비롯해 해군은 물론 9천 마리의 코끼리까지 훈련시켜 놓았다고 해요.

이를 바탕으로 그 아들 빈두사라는 영토를 남쪽으로 더 넓힐 수 있었답니다.

 # 아소카, 죄를 뉘우치다

빈두사라를 이어 아소카가 왕위에 올랐을 때, 주위에서 마우리아 왕조에 복종하지 않는 나라가 한 곳 있었어요. 인도의 동북부 해안에 있던 칼링가 왕국이었지요.

아소카는 칼링가 왕국을 눈엣가시처럼 여겼어요. 왜냐하면 그리 크지도 않은 나라가 복종은커녕 오히려 마우리아 왕조를 무시하고 있었으니까요. 그 때문에 아소카는 멸시당하는 기분이었고, 어떻게든 칼링가 왕국을 손아귀에 넣고 싶어 했어요.

이윽고 나라 안의 정치를 안정시킨 아소카는, 기원전

아소카 왕의 조각
아소카는 고대 인도 마우리아 왕조 제3대 왕이다. 기원전 3세기 경 남부를 제외한 인도 전역을 통일하였다.

🌰 **칼링가 왕국**

고대 인도에서 자이나교를 믿던 나라로 스리랑카, 태국, 베트남 등과 해상 무역을 활발하게 했어.

261년 막강한 군대를 이끌고 칼링가 왕국을 침략했어요. 자신의 왕국을 얕잡아본 칼링가 왕국을 처참하게 짓밟기로 마음을 먹었지요.

"닥치는 대로 부수고, 한 놈도 살려 두지 말라!"

아소카 왕의 군사들은 칼링가 왕국의 사람들을 잔인하게 살해했어요. 그때, 아소카는 피를 흘리며 죽어가는 사람들을 보며 문득 깨달았어요.

"도대체 무엇을 위해 이 많은 사람들을 죽였단 말인가?"

아소카 왕은 후회했어요. 자신과 같은 권력자의 욕심 때문에 이유 없이 죽어 간 사람들에게 한없이 미안한 마음이 들었어요. 아소카는 생각을 바꾸어 무력을 버리고 법을 따르며 선하게 다스리겠다고 다짐했어요.

"앞으로는 신에게 고개를 숙이고 법을 지킬 거야. 그리고 그것을 사람들에게 가르치겠어."

아소카 왕은 불교에 몸을 바치기로 결심했어요.

아소카 왕은 영토 각지에 돌 기념물을 세워 꼭 지켜야 하는 덕목을 새겨 넣었어요. 여기에 자비와 선행 등과 관련된 내용을 적어 사람들이 따르게 했답니다. 이것을 석주라고 하지요. 보통 석주의 머리 부분은 소나 코끼리, 사자의 모습을 하고 있어요.

아소카 왕은 싯다르타가 머물렀거나 흔적을 남긴 곳에는 기념물을 세우고, 좀

산치대탑(왼쪽)
아소카 왕이 세운 산치대탑은 높이는 16.5미터, 지름이 37미터로, 하늘을 상징하는 반구 모양이다.

아소카 왕의 석주(오른쪽)
아소카 왕은 영토 각지의 불교 성지에 석주를 세웠다. 사진은 불교 유적지 바이살라에 세워진 아소카 왕의 석주이다.

마우리아 왕조의 영역

펀자브
(마우리아 왕조의 발생지)

인더스 강

마우리아 왕조

칼링가

벵골 만

아라비아 해

포교사

종교의 교리를 전파하는 승려나 신도를 말해.

상좌부 불교

초기 승려인 상좌부의 가르침을 받드는 불교야.

더 많은 사람들이 불교를 믿고 따르도록 권했어요. 그래서 아소카 왕 시절에는 불교가 인도 땅 곳곳에 전해질 수 있었어요.

그리고 아소카 왕은 불교를 전파하기 위해 인도뿐만 아니라 중앙아시아, 페르시아와 유럽에까지 포교사들을 보냈어요. 이런 노력 덕분에 불교는 세계 사람들이 믿는 세계적 종교로 자리매김할 수 있게 되었지요.

이때 널리 알려진 것은 상좌부 불교였어요.

"노예와 하인을 자비심으로 대해야 하며 새와 같은 짐승이나 가축까지 사랑하는 마음으로 대해야 합니다. 진실하고 청렴한 마음을 가지고, 형식을 따르기보다 덕을 많이 쌓아야 합니다. 또한 부모와 연장자를 공경하고 힘이 없고 불쌍한 사람에게도 친절해야 합니다!"

상좌부 불교는 이처럼 도덕적 규범을 중시하고, 개인이 스스로 깨달음에 이르러야 한다고 했어요. 상좌부 불교는 이웃의 스리랑카를 거쳐 동남아시아 지역으로 뻗어 나갔답니다.

이러한 아소카 왕의 통치는 인도의 역사를 통틀어 보

아도 보기 드문 것이었답니다.

그러나 아소카 왕이 죽은 뒤 마우리아 왕조는 빠르게 몰락했어요. 아소카 왕이 살아 있을 때 넓은 지역을 통치하기 위해 보낸 대리인들이 서서히 자립을 꾀하였기 때문이에요. 특히 왕조를 유지하기 위해 지방에서 세금을 더 많이 걷는 바람에 저항의 불길이 더욱 커졌지요.

아소카 왕 이후의 정치 지도자들은 매우 무능했어요. 게다가 '생명을 죽이지 말자.', '무력을 쓰지 말자.'는 정책으로 군사력이 많이 약해져 있었지요. 웅크리고 있던 브라만 계급도 반발을 일으켰어요.

그런 중에 마침내 마우리아 왕조는 왕조의 군인이던 푸샤미트라가 반란을 일으키고, 왕을 살해하면서 멸망하고 말았어요.

 브라만

인도 카스트 제도에서 가장 높은 계급에 있는 성직자를 말해. 베다를 유지하고 전달하며, 제사를 주도하지.

쿠샨 왕조의 성립

마우리아 왕조가 멸망한 뒤 인도 대륙에는 슝가 왕조, 칸바 왕조, 사타바하나 왕조 등 크고 작은 여러 개의 나라가 들어섰어요. 이들은 각각 동부 지역과 중앙 지역, 그리고 인도 남부의 데칸 지역을 차지하고 있었지요. 이때가 기원전 2세기쯤이었어요.

그런데 서북부 지역만은 여러 이민족들이 서로 영토를 차지하려고 다툼을 벌였어요. 이 지역을 가장 먼저 차지한 세력은 그리스 사람들이 세운 박트리아 왕국이었어요.

원래 박트리아 왕국은 힌두쿠시 산맥과 아무다리아 강 사이의 지역에 있었어요. 동서양의 중요한 교통 요지였답니다. 그 때문에 박트리아 왕국을 탐내는 나라들이 많았지요.

메난드로스 왕의 얼굴이 새겨진 주화(위)
기원전 3세기경 인도 서북부에 그리스 사람들이 세운 박트리아 왕국의 왕이다.

그리스 사람이 쓴 불교 경전(아래)
메난드로스 왕이 쓴 ≪밀린다왕문경≫은 메난드로스 왕(밀린다)이 질문하고 승려 나가세나가 답하는 내용이 담긴 경전이다.

그런데 하필이면 중국의 변방 지역에 살던 샤카 족이 박트리아 왕국을 공격해 왔어요. 이들도 아프가니스탄에 정착하고 있던 월지 족의 공격으로 쫓겨 온 것이었지요.

하는 수 없이 박트리아 왕국에 살던 그리스 사람은 힌두쿠시 산맥을 넘어 펀자브 지역으로 진출했어요. 그리고 그곳에서 새 터전을 일구어 나가기 시작했지요(기원전 175년경).

이들은 빠르게 인도 사람의 삶을 뒤쫓기 시작했어요. 특히 메난드로스 왕은 불교를 받아들인 후, ≪밀린다왕

문경≫이라는 불교 경전을 남기기도 했어요.

그런데 그리스 사람이 펀자브 지방을 차지함으로써 인도 사회에 중대한 변화가 일어났어요.

인도 바깥에서 만들어진 그리스식 주화가 펀자브의 그리스 사람을 통해 들어오기 시작했고, 이에 영향을 받아 훗날 쿠샨 왕조 때 그리스식 주화가 널리 쓰이게 되었던 거예요.

그리고 헬레니즘 문화가 싹트기 시작했어요. 그리스 사람이 가져온 문화가 동양의 문화와 어우러져 탄생했지요. 인도 서북부 간다라 지역 사람들은 불상까지 헬레니즘풍으로 만들었어요. 이 간다라 양식은 인도에서 크게 유행했답니다.

하지만 이들도 메난드로스 왕이 죽은 뒤, 결국 스키타이 계통의 샤카 족에게 침입을 받아 역사 속으로 사라져 버렸어요. 이어 샤카 족과 같은 스키타이 계통의 파르티아 사람이 펀자브 일대를 차지했지요.

그리고 파르티아 사람의 뒤를 이어 쿠샨 족이 몰려왔어요. 이들 역시 박트리아에 살던 스키타이 계통의 토카라 족 중 하나였지요. 그들은 순식간에 북부 인도 대부분을 차지하고 왕국을 일으켰어요. 바로 쿠샨 왕조였지요.

쿠샨 왕조 시기의 간다라 불상
간다라 불상은 그리스 문화의 영향을 받아, 서양 사람의 얼굴에 로마식 토가를 입고 있으며 사실적이다.

쿠샨 왕조의 기틀을 세운 사람은 카드피세스 1세였어요. 카피드세스 1세는 힌두쿠시 산맥을 넘어 카불은 물론 카슈미르까지 점령했지요. 그리고 이 지역에 남아 있던 인도·그리스계 사람들을 완전히 쫓아 버렸어요.

그 뒤를 이은 카드피세스 2세는 인더스 강 지역을 정복했어요. 그럼으로써 인도에서 홍해와 지중해로 통하는 해상 무역길을 손에 넣었지요. 북으로는 중국과 서아시아를 뚫고 지나는 길도 개척했어요. 훗날 쿠샨 왕조가 발전하는 길을 닦아 놓은 것이에요.

 # 카니슈카, 불교를 부흥시키다

카니슈카 왕이 새겨진 주화
카니슈카는 2세기경
쿠샨 왕조의 왕이다.
인도 서북부를 통일했으며
대승 불교를 장려했다.

쿠샨 왕조는 카드피세스 2세의 아들인 카니슈카 왕 때 전성기를 맞이했어요.

카니슈카 왕은 군사를 이끄는 능력이 탁월해 영토를 동으로는 갠지스 강 중류까지, 서쪽으로는 아프가니스탄까지 확대했어요.

그리고 나라 안을 다스리는 데도 온 힘을 기울여 나라가 평화롭고 안정되도록 했어요. 비록 마우리아 왕조 때보다 영토는 넓지 않았지만, 카니슈카 왕은 강력한 군주로 이름을 날렸지요.

카니슈카 왕도 아소카 왕처럼 불교를 널리 장려했어요. 하지만 이때의 불교는 아소카 왕 때와는 조금 달랐어요.

카니슈카 왕은 불교를 연구하게 하고, 석가모니를 신적인 존재로 만들었어요. 그리하여 석가모니는 점차 믿고 숭배하는 대상이 되었지요. 신적인 존재를 인정하지 않는 상좌부 불교와는 달랐던 것이에요.

이때, 카니슈카 왕은 백성들에게 자신을 석가모니와 똑같이 여기도록 하여 자신이 백성을 구원할 수 있는 지도자라고 생각하게 했어요. 왕권을 강화하기 위해서였지요.

이와 같은 불교를 대승 불교라 불러요. 대승 불교는 쿠샨 왕조의 중앙 아시아 남동쪽의 실크로드를 차지하고 있었기 때문에 유목민을 통해 중국과 한국, 그리고 일본에까지 전해지게 되었지요. 그리하여 불교는 여러 왕조의 나라를 다스리는 바탕이 되기도 했답니다.

한편, 이와 같이 부처가 숭배와 기도의 직접적인 대상이 되면서부터 불상을

🌑 상좌부 불교와 대승 불교

아소카 왕이 전파한 상좌부(소승) 불교는 한 개인의 깨달음을 중요하게 여기지만 카니슈카 왕이 부흥시킨 대승 불교는 많은 사람들을 구제하고자 해.

쿠샨 왕조의 영역

간다라

쿠샨 왕조

아잔타 석굴

엘로라 석굴

데칸 고원

아라비아 해

벵골 만

엘로라 석굴(왼쪽)
아잔타에서 120킬로미터
떨어진 엘로라 석굴은
현무암을 깎아 만들었다.
5~12세기경의 불교뿐만
아니라 힌두교, 자이나교를
위한 석굴들이 함께 있다.

아잔타 석굴(오른쪽)
천연 동굴이었던 이곳에
승려들이 머물기 시작하면서
만들어졌다. 대승 불교의
영향으로 불상이 곳곳에
만들어졌다.

조각하는 일이 많아졌어요. 이전까지만 해도 불상이 아닌 연꽃이나 보리수를 불교의 상징으로 사용했지요.

하지만 부처에 대한 인식이 달라지고, 그리스의 영향을 받은 간다라 예술 양식이 전해지면서 부처상이 사람을 따라 그려지고 조각되기 시작했어요. 그럴수록 불교는 점점 더 종교화되었지요.

그뿐만이 아니었어요. 수많은 건축물이 세워지고 그림이 그려졌어요. 엘로라 석굴 사원과 아잔타 석굴의 불상도 이때 등장했답니다.

쿠산 왕조의 영토는 비록 인도 북부에만 한정되어 있었지만, 그 영향력은 매우 컸어요. 하지만 쿠산 왕조도 마우리아 왕조가 그랬던 것처럼, 카니슈카 왕이 세상을 떠난 뒤부터 빠르게 내리막길을 걷기 시작했어요.

아소카 왕이 불교를 전파하게 된 결정적인 계기가 무엇인지 생각해 보자.

간다라 미술의 전파

간다라 불상
인도 사람들이 만들었지만
그리스 로마 분위기가 나요.

그리스의 조각상
사람의 모양을 그대로
따라 새겨 생생한 느낌이에요.

불상의 변화와 전파

애초에 간다라 미술은 부처의 사리를 모셔 놓는 '스투파'를
장엄하게 짓기 위해 시작되었어요. 그러면서 점차 불상을 중심으로
간다라 양식이 사용되었어요. 처음에는 돌을 조각했지만 나중에는
찰흙이나 석고 등을 붙여서 형태를 만들었답니다.

초기의 간다라 불상은 그리스와 로마의 예술 기법을 활용해
얼굴, 옷 등이 그리스 풍이었고 사실적이었어요.
그러나 후기로 갈수록 점차 인도 고유의 모습을 되찾아 갔어요.
이러한 간다라 미술은 대승 불교가 전파되는 길을 거쳐
중국은 물론 한반도와 일본 열도까지 전파되었답니다.

석굴암 본존불상
신라 사람의 모습을
짐작할 수 있어요.

중국의 불상
간다라식 옷을 입었지만
얼굴은 중국 사람을 닮았어요.

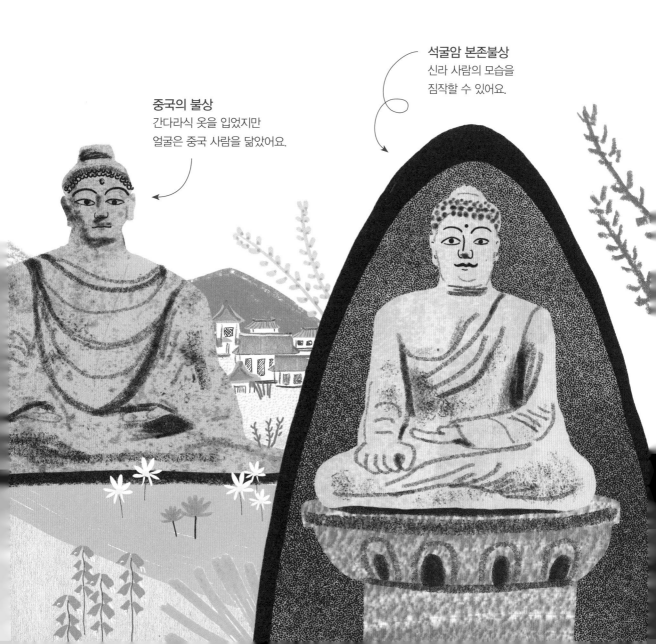

5장 동아시아의 고대 국가

고구려

동해

불교, 회화, 종이, 붓

백제
신라
가야

황해

배 만드는 기술

왜(일본)

유교, 불교, 천문

토기 만드는 기술

내 이름은 덕문이야. 난 이제 곧 왕인 박사를 모시고 왜국으로 떠

날 거야. 여러 가지 문물을 전해 주고, 또 학문도 가르치러 가는 거

지. 사실 내가 가진 재주라고는 말 다루는 솜씨밖에 없는데, 이런 내 재주도 아

주 소용이 많대. 아, 맞아. 나 말고도 건넛마을 대장장이 아저씨도 갈 거야. 농기

구나 칼을 만드는 기술도 필요하대. 아무튼 나의 보잘것없는 재주마저도 왜국

에서는 요긴하게 쓴다니까, 어깨가 으쓱해지지 뭐야.

고조선의 건국과 발전

한반도 구석기 문화 유적
주먹 도끼
한반도 구석기 시대에 쓰였던
주먹 도끼이다.

한반도 신석기 문화 유적
조가비 탈
조가비에 세 개의 구멍을
뚫어서 사람의 얼굴을
만들었다. 주술에 쓰였을
것으로 추측한다.

중국 문명이 일어났던 황하 유역에서 동북쪽으로 계속 가면 그 끝에 한반도가 자리하고 있어요.

한반도에 구석기 문화가 시작된 것은 기원전 70만 년 전이었어요. 그리고 신석기 문화는 지금으로부터 약 8천 년 전쯤 시작되었어요.

이어 한반도와 만주 지역의 사람들이 청동기를 사용하기 시작한 것은 약 3천 년 전부터였지요.

이즈음 이미 유럽의 그리스에서는 여러 작은 도시 국가인 폴리스가 형성되어 있었고(기원전 800년), 얼마 후에는 로마가 나라를 세웠어요 (기원전 753년). 중국에서는 춘추 시대가 시작되고 있었지요(기원전 770년).

한반도 일부와 만주 지역 사람들도 부족끼리 서로 싸우고 뭉치기를 반복하면서 점점 더 큰 무리가 되었어요. 그리고 나라를 이루었어요. 바로 고조선이지요.

《삼국사기》에 따르면 고조선의 첫 임금은 단군왕검이었어요.

아주 오랜 옛날 하늘의 임금 환인은 아들 환웅이 인

간 세상을 다스리는 일에 관심이 많다는 것을 알아차렸어요. 그래서 환웅이 인간 세상을 다스리는 것을 허락하였지요. 이에 환웅은 천부인 세 개와 3천여 명의 무리를 이끌고 태백산 꼭대기의 신단수 아래로 내려왔어요.

"이곳을 '신시'라 부르겠소."

아울러 환웅은 바람을 다스리는 풍백, 비를 다스리는 우사, 구름을 다스리는 운사라는 신하들을 데려와 함께 인간 세상을 다스렸어요. 곡식을 잘 여물게 하고 질병을 고쳐 생명을 지켰어요. 뿐만 아니라 선악을 가리고 형벌을 주는 일도 하였어요.

그러던 어느 날, 곰과 호랑이가 환웅을 찾아와 사람이 되고 싶다며 간곡하게 부탁을 했지요. 그러자 환웅은 쑥 한 다발과 마늘 스무 쪽을 건네주었어요.

"100일 동안 햇빛을 보지 않고, 이것만 먹고 지내면 사람이 될 것이니라."

환웅의 이야기를 들은 곰과 호랑이는 쑥과 마늘을 가지고 동굴로 들어갔어요.

하지만 호랑이는 오래 버티지 못하고 동굴을 뛰쳐나가고 말았어요. 다행히 곰은 더 오래 참아서 삼칠일(21일) 만에 어여쁜 여자의 몸이 되었지요. 환웅은 그녀를

고조선

이때 세운 나라 이름은 원래 '조선'이었어. 하지만 훗날 이성계가 세운 조선과 구분하기 위해서 '고조선'이라고 불러.

단군왕검

우리 민족 최초의 임금이야. 단군 신화에서는 단군이 오늘날의 평양에 도읍을 정하고 고조선을 세워 약 2천 년 동안 나라를 다스렸다고 해.

천부인

하늘의 표식임을 알 수 있는 도장 같은 것을 말해.

신단수

단군 신화에 나오는 신령한 나무를 말해.

웅녀라고 불렀어요.

얼마 후, 웅녀는 신단수 아래로 가서 아이를 잉태할 수 있도록 해 달라고 빌었어요. 그런 웅녀의 모습을 본 환웅은 잠시 사람으로 변하여 웅녀와 혼인하였지요. 덕분에 웅녀는 열 달이 지난 후에 아들을 낳았어요. 그 아이가 바로 단군왕검이에요.

단군은 평양성을 도읍으로 정하고 새 나라를 세웠는데, 이 나라가 바로 고조선이에요. ≪동국통감≫에 나오는 이 이야기에 따르면 고조선은 기원전 2333년에 건국되었다고 해요.

마침내 고조선은 영토를 점점 넓혀 갔고, 그 힘이 더욱 강해졌어요. 기원전 4세기에 들어서자 이를 지켜보던 중국의 연나라는 고조선을 몹시 경계하기 시작했어요. 그러더니 마침내 군사를 보내 고조선을 침략해 서쪽 땅을 빼앗았지요.

얼마 후, 중국 땅에서는 진나라가 나타났다가 멸망하고 다시 한나라가 세력을 잡았어요. 그러는 동안 중국 땅은 거듭되는 전쟁으로 아주 혼란스러웠어요. 그러자 난리를 피해 수많은 유민들이 고조선으로 넘어왔어요. 이들 중에는 위만이라는 사람이 있었어요.

위만은 자신을 따르는 무리 1천여 명을 데리고 고조

≪동국통감≫
신라의 박혁거세부터 고구려, 백제를 거쳐 고구려 공양왕까지의 역사를 담은 책이야. 1484년(조선 성종 15년)에 편찬되었지.

선의 국경을 넘어왔어요.

"왕께서는 너그럽게 저와 저의 백성을 거두어 주십시오."

이에 준왕은 위만에게 높은 관직을 주고, 고조선의 서쪽 땅 100리를 주어 다스리게 했어요. 하지만 얼마 지나지 않아 위만은 철기로 무장한 군대를 이끌고 왕검성을 점령하고 준왕을 내쫓았어요. 그런 뒤 왕 노릇을 하며 사방의 여러 작은 나라를 점령하고 고조선의 국력을 더욱 키워 나갔지요.

위만은 연나라에서 배운 우수한 철기 기술로 무기를 만들고, 그 외에도 중국의 앞선 기술을 받아들이는 데 힘을 쏟았어요. 여러 나라와 교역을 하면서 경제를 발전시키고자 애쓰기도 했어요.

할아버지가 쌓은 업적을 바탕으로 위만의 손자 우거왕은 더욱 힘을 키웠어요. 그러자 한나라는 고조선이 한나라와 주변 나라 사이의 교류를 중간에서 방해하고 있다는 둥, 한나라 백성들을 유인하여 고조선에 들어와 살도록 하고 있다는 둥 트집을 잡았어요.

우리 청동기 유물
우리나라의 청동기 시대를 대표하는 유물이다. 왼쪽부터 청동검, 청동방울, 청동거울이다. 주로 제사 지낼 때 사용했다.

왕검성
- - - - - - - - - - - - - - - - - -
고조선의 도읍지였어. 427년 이후에는 고구려의 도읍지가 되기도 했어. 지금의 요동 지역이나 평양 지역이었을 것으로 추측하고 있어.

 흉노족

중국의 몽골 고원에서 활약
하던 기마 민족이야.

사신

왕이나 나라의 명령을 받고
외국에 가는 관리야.

그리고 사신을 보내, 흉노 족과의 외교 관계를 끊으
라며 고조선의 정치까지 간섭하려 들었어요. 뿐만 아
니라 사신을 배웅하러 나온 고조선의 신하까지 함부로
죽였어요. 우거왕도 화가 나서 군사를 보내 한나라 사
신의 목을 베었지요. 결국 이를 핑계 삼아 한나라는 기
원전 109년, 고조선을 침략했어요.

고조선은 한나라의 공격에 맞서 수도 왕검성을 굳게
지켰어요. 때로는 왕검성에서 나와 한나라 군대를 불시

에 습격하기도 하고, 때로는 협상도 했어요. 1년 동안 전쟁이 이어진 끝에 마침내 한나라는 대군을 이끌고 왕검성을 포위했어요. 물론 고조선의 병사들은 성문을 닫아걸고 필사적으로 버텼지요. 그러자 한나라는 꾀를 썼어요.

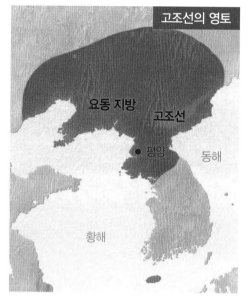

"만약에 항복한다면, 그 누구든 간에 한나라의 벼슬을 내리겠소."

그러자 고조선의 몇몇 귀족들이 항복을 하자고 나섰어요. 하지만 우거왕은 끝까지 싸우기로 결심했지요. 항복하자는 쪽과 끝까지 싸우자는 쪽이 나누어졌어요. 마침내 신하 '참'이 우거왕을 죽이고 한나라에 항복해 버렸어요. 이어 태자마저도 투항했지요.

그럼에도 불구하고 백성들은 대신 성기를 중심으로 똘똘 뭉쳐 한나라에 맞서 싸웠어요.

"우리는 한나라에 대항하여 끝까지 싸울 것이오."

하지만 한나라는 이미 투항한 태자와 또 다른 신하에게 고조선 백성들을 달래게 하고 대신 성기의 목숨을 빼앗도록 했어요. 결국 성기가 죽고 성문이 열리면서 왕검성은 함락되고 말았지요. 기원전 108년의 일이었답니다.

삼국 시대가 열리다

한나라의 7대 황제인 무제는 고조선을 무너뜨린 후, 그 땅을 한나라식으로 다스리기 위해서 네 개의 군현을 설치했어요. 바로 낙랑군, 진번군, 임둔군, 현도군이었지요. 이를 '한사군'이라고 불렀어요. 물론 이 중에서 낙랑군을 제외한 나머지 세 곳은 30년도 채 되지 않아 사라지거나 쫓겨났어요. 바로 이들을 물리친 땅과 그 주변에 새로운 나라들이 자리 잡았어요.

가장 먼저 나라의 기틀을 세운 나라는 송화강 유역의 부여였어요. 부여는 각 부족의 우두머리를 '대가'라고 불렀어요. 평상시에 대가는 모두 자신의 부족만 다스렸고, 전쟁이 일어나면 각각 군사를 보내서 뭉쳐 싸웠어요.

부여는 특히 법이 엄했어요.

"너는 다른 사람의 물건을 도둑질하였으니 물건 값의 열두 배를 갚아라. 만약 그러지 못하면, 노비가 되어야 할 것이다!"

뿐만 아니라 사람을 죽이면 그 사

> ## 송화강
> 지금 중국의 길림성 지역에 흐르는 강이야.

고조선의 이후

부여

고구려

졸본 ●

옥저

동예

동해

진한

마한

변한

황해

118

람도 죽음을 면치 못했고, 가족은 노비가 되었지요.

부여의 가장 큰 적은 고구려였어요. 역사 기록에 따르면, 동부여에 살던 주몽이 자신을 시기하는 부여의 왕자와 신하들에게 위협을 느끼고 졸본에 가서 세운 나라가 바로 고구려였지요.

고구려 사람들은 주변의 유목민들에게 말 타는 기술과 활 쏘는 기술을 익혀 일찍부터 강력한 군사력을 가지고 있었어요. 고구려는 강한 군사력으로 주변의 여러 나라를 발 빠르게 정복해 나갔어요.

옥저와 동예를 먼저 공격해 고구려 땅으로 만들었고, 한나라가 세운 낙랑군을 거듭 공격하여 차지했어요. 이어 북쪽으로 힘을 뻗어 부여와 싸웠어요. 또한 한나라와도 맞서며 점점 그 세력을 넓혀 갔지요. 그 덕분에 고구려는 한반도 북부와 만주 땅 일부를 아우르는 넓은 영토를 가진 나라로 빠르게 성장할 수 있었답니다.

그 사이에 한반도 남쪽에는 삼한이 자리 잡고 있었어요. 경기도와 전라도, 충청도를 아우르는 마한, 경상북도 일대의 진한, 경상남도 일대의 변한이었지요. 이들은 모두 크고 작은 나라가 힘을 보태 만든 연맹체 형태

**고구려 유적,
쌍영총의 말 탄 사람**
평안남도에 있는 고구려의 무덤 벽화 조각이다. 고구려 군사의 모습을 엿볼 수 있다.

 졸본

고구려 최초의 수도야.

중앙 집권 체제

정치, 군사 등 나라의 모든 분야를 좌우할 수 있는 권한을 왕이 주도하는 중앙 정부에 있는 체제야.

온조

백제를 세운 왕이야. 원래는 주몽의 아들로 고구려 사람이지만, 엄마가 다른 형 유리를 피해 남으로 내려가 백제를 세웠어.

의 나라였어요. 이 세 나라를 합쳐 '삼한'이라고 불렀지요. 마한의 대표 나라는 목지국, 진한은 사로국, 변한은 구야국이 대표 나라였어요.

하지만 이들 나라는 오래 견디지 못했어요.

마한이 목지국을 중심으로 점점 더 세력을 넓히고 있을 때, 한강 유역에서는 주몽(동명성왕)의 아들 온조가 세운 백제가 빠르게 성장했어요. 백제는 낙랑군, 대방군과 발 빠르게 교류하면서 새로운 문물을 받아들이고 국력을 키웠어요. 그리고 마한의 작은 나라들을 하나둘씩 정복해 나갔지요. 그러면서 백제는 연맹체가 아닌 중앙 집권적 국가로 성장했어요. 그리고 마침내 목지국을 점령하여 한반도의 중부 지역을 차지하게 되었답니다.

한편 진한의 대표 나라인 사로국은 고조선의 유민들이 전해 준 철기 기술을 바탕으로 농기구와 무기를 만들고 주변의 나라를 하나둘씩 손에 넣기 시작했어요. 그러면서 연맹체가 아닌 중앙 집권적인 국가의 모습을 갖추어 나가기 시작했지요. 바로 신라예요.

백제의 토기
백제의 토기는 신라나 가야와 달리 실용성을 위해 모양이 단순하다. 검은간토기, 세발토기, 그릇 받침 등이 있다.

바닷가에서 가까웠던 구야국은 철을 수출하면서 경제력을 키울 수 있었어요. 그 덕분에 다른 나라의 문물도 손쉽게 받아들일 수 있었지요. 구야국은 이름을 금관가야로 바꾸고, 변한 지역의 핵심 국가로 성장해 나갔답니다. 하지만 백제와 신라처럼 중앙 집권적인 국가로 발전하지는 못한 채, 모두 여섯 개의 나라로 이루어진 가야 연맹체에 머물렀어요.

 가야 연맹체

여러 부족이 힘을 합친 공동체로 삼국 속에서 발전하다가 6세기경 신라에 복속되었다고 해.

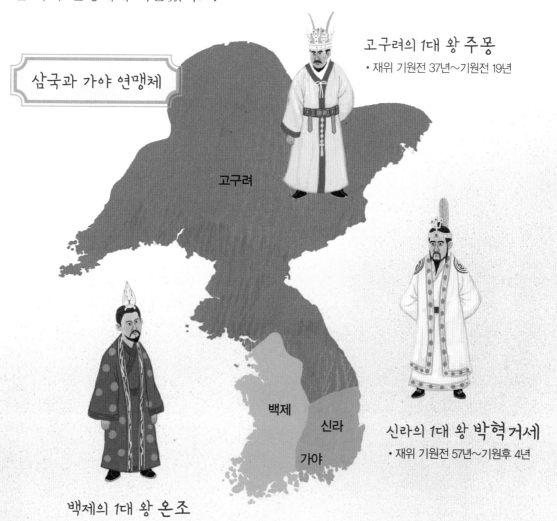

삼국과 가야 연맹체

고구려의 1대 왕 주몽
• 재위 기원전 37년~기원전 19년

고구려

백제
신라
가야

신라의 1대 왕 박혁거세
• 재위 기원전 57년~기원후 4년

백제의 1대 왕 온조
• 재위 기원전 18년~기원후 28년

일본의 첫 집권 국가

도래인

중국이나 한반도에서 일본으로 건너간 사람들을 말해.

조몬 시대 토우
조몬 사람은 수렵과 채집을 하며 살았다. 이때 '새끼줄을 꼰 무늬(조몬)'를 새긴 토기가 주로 만들어져 '조몬 시대'라고 한다. 이 조몬 시대 토우는 장난감이나 병이 낫길 기원하는 상징물 등으로 쓰였을 것이다.

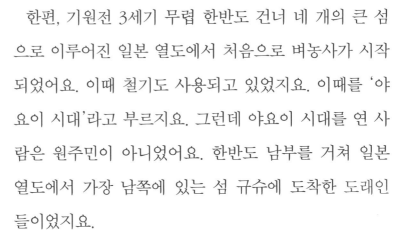

한편, 기원전 3세기 무렵 한반도 건너 네 개의 큰 섬으로 이루어진 일본 열도에서 처음으로 벼농사가 시작되었어요. 이때 철기도 사용되고 있었지요. 이때를 '야요이 시대'라고 부르지요. 그런데 야요이 시대를 연 사람은 원주민이 아니었어요. 한반도 남부를 거쳐 일본 열도에서 가장 남쪽에 있는 섬 규슈에 도착한 도래인들이었지요.

야요이 시대에 도래인들은 벼농사 방법만이 아니라 청동과 철, 유리와 베, 명주를 비롯해서 다양한 제품과 기술을 전했어요. 물론 조몬 사람들의 토기를 이어받기도 했지요.

도래인은 규슈 지방에 도착한 후, 원주민들과 어울려 지내다가 규슈는 물론, 일본 열도에서 가장 큰 섬 혼슈 지방으로 세력을 넓혀 나갔어요. 그러면서 벼농사를 시작했고 벼농사를 위해서 모여 살았어요. 농경의 신에게 제사도 드렸어요. 또한 청동과 철을 동시에 사용했어요. 청동으로는 주로 제사 도구를, 철기로는 농기구와 무기를 만들었지요.

바로 이즈음에 인구가 갑자기 늘어났고,

이들이 모여 무라라고 불리는 촌락을 형성했어요. 무라는 대체로 수십여 채의 집으로 구성된 무리였어요.

무라는 농업이 발달하자 가난한 사람과 부유한 사람이 생겼어요. 다른 곳에서 그랬던 것처럼 지배자와 피지배자가 나뉘었지요. 결국 힘이 센 무라들은 힘이 약한 무라를 정복하여 더욱 큰 무리를 이루었고, 이로써 구니라 불리는 최초의 나라들이 탄생했어요. 이들 국가는 기원전 1세기에 100여 개국에 달했고, 2세기 중후반에 30여개 국으로 통합, 축소되었지요

 무라

오늘날 일본에서 '마을'이란 뜻으로 써.

 구니

오늘날 일본에서 '나라'란 뜻으로 사용하는 말이야.

야마토국

지금의 나라 현에 있었던 옛 '구니'였어. 4세기부터 7세기까지 지속되었어.

천황

일본의 역대 왕을 부르는 말이야.

구니들은 서로 맞서며 경쟁했어요. 그러던 4세기 무렵, 일본 열도에도 집권 국가가 생겨나게 되었어요. 바로 야마토국이었어요.

하지만 야마토국은 여러 나라가 합쳐져 만든 연합 국가였기에 천황이 강력한 지배력을 행사할 수 없었어요. 천황은 여러 작은 나라의 우두머리들이 기존에 가지고 있던 지배권을 인정해 주면서, 대신 그들을 신하로 삼아 나라를 다스려 갔지요.

 일본의 문화가 성장하다

야마토국은 계속 평화롭게 발전했어요. 그런데 토지를 가진 지방의 유력자들이 경제력과 군사력을 바탕으로 천황을 점점 거세게 위협했어요. 호족이라 불린 이들의 위세에 눌려 천황의 지위는 크게 약해졌지요.

호족

지방에 있는 토박이 집안이야. 재산이 많고 세력이 셌다고 해.

특히 대호족 오토모씨와 모노베씨의 세력이 아주 강했어요. 그러다가 6세기 중엽에는 한반도에서 선진 문물을 들여온 도래인의 지원을 받은 소가씨가 세력을 떨치기 시작했어요. 이들은 자신들의 이익에 유리한 천황을 즉위시키기도 했답니다.

야마토국 요메이 천황의 둘째 아들이었던 쇼토쿠 태자는 호족을 견제하지 않으면 안 되겠다고 생각했어요. 쇼토쿠 태자는 숙모인 스이코 천황을 도와 섭정을 하면서 기회를 엿보았지요. 수나라에 사신을 보내 다른 나라의 정치 상황을 살피며 개혁의 기회를 노렸어요.

쇼토쿠 태자는 우선 관리들을 12단계로 나누고, 직위의 높낮이에 따라 색이 다른 관을 쓰게 했어요. 그러면 관리의 위계를 한눈에 알아볼 수 있기 때문이었어요.

"지금 정한 위계는 능력에 따라서 얼마든지 바뀔 수가 있소. 능력만 있다면 높은 직위까지 오를 수 있다는 뜻이오."

쇼토쿠 태자가 한 말은 능력에 따라서 인재를 등용하겠다는 의미였어요.

이어 쇼토쿠 태자는 17조의 헌법을 제정했어요.

"누구든 천황의 명령에 복종해야 하며, 호족들은 권력 다툼을 벌여서는 안 되오!"

이와 같은 내용이 담긴 헌법을 발표함으로써 쇼토쿠 태자는 중앙 집권 체제를 만들어 나갈 준비를 갖추었답니다.

또한 고구려와 백제로부터 불교를 적극적으로 받아들였어요. 무엇보다 호족들을 뭉치게 하던 이전의 종교

쇼토쿠 태자와 두 아들
쇼토쿠 태자는 일본의 종교, 문화와 정치를 획기적으로 발전시켰다.

 섭정
- - - - - - - - - - - - - - - - - -
한 나라의 왕이 나라를 직접 다스릴 수 없을 때 대신해서 나라를 다스리는 일이야.

쇼토쿠 태자가 지은 호류사
호류사는 일본에서 가장 오래
된 목조 건물이다.
호류사에는 국보와 문화재
1,800여 점이 있는데,
금당벽화도 그중 하나이다.

를 불교로 바꾸려는 생각에서였지요.

고구려와 백제에서는 불심이 깊고 학식이 풍부한 승려를 보내 왔어요. 특히 고구려의 승려 혜자와 백제의 승려 혜총은 고향을 떠나 일본에 와서 태자의 스승이 되었지요. 고구려의 담징은 불교는 물론 유교에도 통달한 승려였는데, 일본으로 건너가 물감, 먹, 종이를 만드는 기술까지 가르쳤답니다. 담징은 연자방아도 보급시켰고, 호류사(법륭사)에 금당벽화를 그리기도 했어요.

쇼토쿠 태자는 불심이 더욱 두터워졌고, 그에 따라

수없이 많은 절을 지었어요. 시텐노사(사천왕사)와 호류사를 비롯해 40개가 넘었지요.

이처럼 쇼토쿠 태자는 정치를 개혁했을 뿐만 아니라, 문화가 활발하게 발전하도록 이끌었어요. 이를 아스카 문화라고 하지요. 그 덕분에 지금까지도 쇼토쿠 태자는 일본에서 가장 위대한 인물 중 한 사람으로 손꼽히고 있답니다.

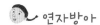 연자방아

소나 말의 힘으로 맷돌을 움직여 곡식을 빻는 기계야.

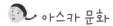 아스카 문화

'아스카' 지역을 중심으로 7세기경 발달한 문화야. 불교는 물론, 유교, 도교 같은 학문과 사상이 활발하게 일어났어.

쇼토쿠 태자를 키운 불교

쇼토쿠 태자는 불교에 대한 관심이 유별났어요. 일본에서 최초로 지어진 절 호코사(법흥사)에서 고구려의 승려 혜자와 백제의 승려 혜총에게 불교에 대해 배우며 깊은 감명을 받았지요. 그래서 쇼토쿠 태자는 불교가 번성하도록 노력을 엄청나게 기울였어요. 심지어 개인 재산까지 털어 호류사를 지었어요. 쇼토쿠 태자가 노력한 덕분에 일본은 불교 국가로 발돋움하게 되었지요. 쇼토쿠 태자는 일본 최초로 중국에 공식 외교 사절을 보냈고, 도읍을 이카루가(지금의 나라)로 옮겼답니다.

삼국의 불교 전래와 일본 전파

삼국 중에서 불교를 처음 받아들인 나라는 고구려였어요. 372년 소수림왕 때에는 중국 전진의 승려 순도가 불경과 불상을 전했고, 이어 중국 동진의 승려 아도가 들어왔어요. 이때 왕은 초문사와 아불란사라는 절을 지어 두 사람을 머물게 했어요.

그리고 왕은 '부처님을 받들고 복을 구하라!'라는 명을 백성들에게 내리고 불교를 널리 알리기 시작했지요.

그로부터 12년이 지난 후에는 백제에도 불교가 전해졌어요. 인도의 승려 마라난타가 건너오자 백제의 침류왕은 직접 그를 맞아 궁궐에서 부처의 가르침이 담긴 불법을 듣기도 했지요. 뿐만 아니라 이듬해에는 백제의 땅인 북한산 가까이에 절을 짓게 했어요. 또 신하 중 열 사람을 선택하여 승려가 되게 했고요. 그리고 백성들이 두루 믿기를 권장했지요.

하지만 신라는 갈등이 심했어요. 고구려와 백제의 불교는 왕실의 보호를 받았지만, 신라는 토착 종교를 믿는 귀족들이 나서서 반대를 했지요. 눌지왕 때 고구려의 묵호자가 신라에 들어와 불교를 알리려 했지만, 굴을 파고 숨어서 불교 교리를 전해야 할 정도였답니다.

마라난타
인도에서 중국의 나라 동진을 거쳐 백제에 들어와 불교를 전한 승려야.

침류왕
백제 15대 왕이야. 백제에서 불교를 처음으로 받아들인 왕이지.

토착 종교
대대로 살던 땅에서 발생하여 사람들이 믿고 있는 종교를 말해.

그러던 법흥왕 때였어요. 하급 관리인 이차돈이 나서서 말했어요.

"폐하. 제가 왕의 명령이라는 핑계를 대고 신라의 전통적인 신들을 모신 천경림이 있던 자리에 절을 짓겠사옵니다. 혹 귀족들이 반대하면 저를 잡아 목을 베시옵소서."

과연 예상했던 대로 귀족들이 들고 일어나 이차돈을 잡아들이라고 아우성을 쳤어요. 하는 수 없이 법흥왕은 이차돈을 잡아 목을 베도록 했지요. 이때 이차돈이 말했어요.

"만약 부처께서 특별한 능력이 있으시다면, 내 목을 벤 뒤에 놀라운 일이 일어날 것이다!"

그런데 이차돈의 목을 베는 순간, 그의 목에서 흰 피가 솟아났어요. 이 모습을 보고 귀족들은 놀라 달아났고, 왕은 죄 없는 사람을 죽였다며 귀족들에게 호통을 쳤어요.

"천경림에 절을 짓고 이차돈의 높은 뜻을 기리도록 하라!"

눌지왕

신라 19대 왕이야. 백제와 손잡고 고구려에 맞섰어.

무호자

신라에 처음으로 불교를 들여온 스님이야.

법흥왕

신라의 23대 왕이야. 불교를 받아들였지.

신라의 불교 유적, 불국사
불국사는 '부처님의 나라'라는
뜻으로, 경상북도 경주시에
세워진 절이다. 유네스코
세계문화유산으로 지정되었다.

이로써 불교는 공식적으로 인정되었고, 왕실의 보호를 받으며 빠르게 성장할 수 있었답니다.

삼국이 이토록 앞다투어 불교를 받아들인 데에는 그만한 이유가 있었어요. 각 나라의 왕은 왕권을 강화하여 여전히 큰 힘을 가지고 있던 귀족 세력을 누르고 민심을 하나로 통일할 필요가 있었어요. 그래서 불교를 새로운 지배 이념으로 삼고자 했지요.

불교는 이후에도 왕실과 국왕의 권위를 앞세우는 데

활용되었어요. 특히 신라의 왕실에서는 왕과 왕자, 왕후의 이름을 모두 불교식으로 짓기도 했답니다.

이렇게 한반도에 전해진 불교는 552년 백제 성왕 때 승려 노리사치계를 통해 일본으로 전파되었어요. 노리사치계는 불상과 불경을 가지고 일본으로 건너가 불교의 발전에 힘을 보탰지요. 고구려와 신라의 승려들도 일본으로 건너가 활동을 했어요.

이러한 불교 문화의 전파로 일본은 고대 국가의 기틀을 마련하는 데 힘을 얻었고, 마침내 문화적 발전을 이루어 낼 수 있었답니다.

 성왕

백제 26대 왕이야.

 노리사치계

백제의 귀족이자 승려였어. 성왕이 준 불상, 경전을 일본에 가지고 가서 불교를 전했다고 해.

일본에 문화를 전파했던 삼국 시대 사람들을 알아보자.

아직기   담징   왕인

일본으로 간 한반도 문화 박물관

종교관

삼국의 불교 문화는 일본의 문화에 큰 영향을 끼쳤어요.
불상이나 사찰의 양식 등도 삼국의 영향을 받았지요.
특히 일본의 국보 1호로 알려진 고류사의 목조 미륵보살 반가사유상은
백제의 금동 미륵보살 반가사유상의 '복제품'이라고 할 정도랍니다.
아스카 문화의 가장 깊은 멋을 알 수 있다는 고류사는
백제의 양식을 빼어 박았지요.

생활관

백제의 근초고왕은 아직기를 일본에 보냈는데, 아직기는 일본에
말 두 필을 선물로 주면서 말을 기르는 법을 알려 주었어요.
고구려와 신라에서도 화공과 도공, 불상을 만드는 장인 등
여러 기술자를 보내 일본의 기술과 문화가 발전하는 데
도움을 주었어요. 일본의 다카마쓰 고분 벽화에 그려진
사람의 모습이나 옷 모양새는 고구려의 고분과
흡사하게 닮아 있지요.

야요이 토기

야마토 시대의 일본 문화는 주로 한반도에 있는
여러 나라의 도움을 받아 발전했어요.

일본 호류사 금당벽화

일본 고류사 목조
미륵보살 반가사유상

백제 금동 미륵보살
반가사유상

다카마츠 고분 벽화

고구려의 의복

찾아보기

사진 자료 사용에 도움을 주신 곳

로마와 인도의 왕들

로마 왕정

왕 ── 로물루스 (기원전 753년~716년)

── 누마 폼필리우스 (기원전 715년~673년)

── 툴루스 호스틸리우스 (기원전 673년~640년)

── 안쿠스 마르티우스 (기원전 640년~616년)

── 타르퀴니우스 프리스쿠스 (기원전 616년~579년)

── 세르비우스 툴리우스 (기원전 578년~535년)

── 타르퀴니우스 수페르부스 (기원전 535년~509년)

로마 공화정

초대 집정관 ── 유니우스 브루투스, 타르퀴니우스 콜라티누스
(기원전 509년~508년)

── 이후 해마다 두 명의 집정관을 새로 선출

로마 제국

율리우스-클라우디우스 왕조

황제 ── 아우구스투스 (기원전 27년~기원후 14년)

── 티베리우스 (14년~37년)

── 칼리굴라 (37년~41년)

── 클라우디우스 (41년~54년)

── 네로 (54년~68년)

로마 제국

- 플라비우스 왕조
  - 황제
    - 베스파시아누스 (69년~79년)
    - 티투스 (79년~81년)
    - 도미티아누스 (81년~96년)

- 네르바-안토니누스 왕조
  - 황제
    - 네르바 (96년~98년)
    - 트라야누스 (98년~117년)
    - 하드리아누스 (117년~138년)
    - 안토니누스 피우스 (138년~161년)
    - 마르쿠스 아우렐리우스 (161년~180년)
    - 코모두스 (180년~193년)

- 세베루스 왕조
  - 황제
    - 셉티미우스 세베루스 (193년~211년)
    - 카라칼라 (211년~ 217년) (공동 게타 211년~212년)
    - 마크리누스 (217년~218년)
    - 엘라가발루스 (218년~222년)

로마 제국

└ 군인황제

   │

   황제 ┬ 갈리에누스 (253년~268년)

           └ 아우렐리아누스 (270년~275년)

└ 테트라키아(4분할 통치)

   │

   황제 ┬ 디오클레티아누스 (284년~305년)

           │ (공동 막시미아누스 286년~305년, 콘스탄티우스 293년~306년,
           │ 갈레리우스 293년~311년)

           └ 콘스탄티누스 1세 (306년~337년)
             (공동 갈레리우스, 리키니우스 308년~324년, 막센티우스 306년~312년)

└ 테오도시우스 왕조

   │

   황제 ─ 콘스탄티누스 1세

└ 콘스탄티누스 왕조

   │

   황제 ┬ 테오도시우스 (397년~395년)

           └ 서로마 제국과 동로마 제국으로 나뉨 (395년)

＊로마 제국의 황제 이름은 도서 내용에 포함된 것만 표기했습니다.

＊이름 옆 괄호 안 연도는 황제 자리에 있던 기간입니다.

인도 통일 왕조

마우리아 왕조

왕
- 찬드라굽타 (기원전 324년~298년)
- 빈두사라 (기원전 298년~273년)
- 아소카 (기원전 273년~232년)
- 다사라타 (기원전 232년~224년)
- 삼프라티 (기원전 224년~215년)
- 살리수카 (기원전 215년~202년)
- 데바바르만 (기원전 202년~195년)
- 사타반단 (기원전 195년~187년)
- 브리하드라타 (기원전 187년~184년)

쿠샨 왕조

왕
- 카드피세스 1세 (30년~80년)
- 비마 타크투 (80년~105년)
- 카드피세스 2세 (105년~127년)
- 카니슈카 (127년~147년)
- 바니슈카 후비슈카 (140년~183년)
- 바수데바 1세 (191년~225년)

*인도 왕 이름 옆의 괄호 안 연도는 왕의 자리에 있던 기간입니다.
그 연도는 어림잡은 것으로 정확하지 않습니다.

연표로 보는 세계사의 흐름